PARIS-CIMETIÈRES

PLANS & NOTICES

PAR

EDWARD FALIP

PREMIÈRE ÉDITION

GUIDE
AUX
SÉPULTURES
DES
Personnages Célèbres

—

PARIS
LAGRANGE et Cie
éditeurs
47, rue de Chabrol, 47
—
1878

PARIS-CIMETIERES

GUIDE AUX SÉPULTURES

DES

PERSONNAGES CÉLÈBRES

PARIS - CIMETIÈRES

GUIDE AUX SÉPULTURES
DES
PERSONNAGES CÉLÈBRES

INHUMÉS

Dans les trois grands Cimetières de Paris

PLANS ET NOTICES BIOGRAPHIQUES

PAR

Edward Falip

Première Édition

PARIS

LAGRANGE ET Cie, ÉDITEUR

47, Rue de Chabrol, 47

1878

Tous droits de traduction réservés par l'auteur.

NOTICE

SUR

LES CIMETIÈRES

DE PARIS

Sous l'occupation romaine, alors que Lutèce était renfermée tout entière dans la partie de la ville nommée plus tard *la Cité*, les inhumations des habitants avaient lieu le long des routes qui y conduisaient.

Des fouilles opérées à divers intervalles sur le bord des anciennes voies de communication, autour de Paris, ont souvent mis à découvert des sépultures remontant à cette période de l'histoire de la ville.

Corrozet rapporte que, de son vivant, en pavant la rue Saint-Victor, on découvrit des coffres faits de briques, de ciment et de petites pierres, dans lesquels il y avait de la cendre. Plusieurs de ces sépulcres furent aussi trouvés au marché aux chevaux situé derrière Saint-Victor.

En 1620, un coffre en marbre blanc brisé, sur

lequel était sculpté la chasse de Méléagre, fut découvert dans l'église de Sainte-Geneviève.

En 1658, des fouilles faites aux environs de Montrouge, révélèrent la présence d'une tombe sur le couvercle de laquelle on lisait, en majuscules romaines, cette inscription :

L. GAVILLIVS
GN . E
PERPETVS
H.S.E.

Des travaux exécutés dans les jardins des Carmélites et aux environs de Notre-Dame-des-Champs ont aussi amené la découverte de squelettes dans la bouche desquels était la pièce de monnaie destinée à payer le passage du Styx à Caron.

La religion chrétienne en s'établissant à Paris, groupa sans doute les dépouilles mortelles de ses prosélytes autour des églises et dans les cimetières des établissements monastiques situés, pour la plus grande partie, hors Paris, dans les premiers siècles de son accroissement.

Les enceintes successivement élevées autour de la ville enfermèrent dans leurs ceintures ces champs de repos, presque tous dépourvus alors de clôtures protectrices; ils étaient le théâtre de nombreuses profanations, les chiens errants déterraient souvent les cadavres. L'indifférence qui présidait à leur entretien existait encore à une époque peu éloignée de nous. Le *Journal de Paris* du mois de décembre 1803, rapporte avec indignation qu'un enfant avait été vu dans la rue de la Harpe jouant avec une tête de mort. « Ce n'est pas la première fois, ajoute le même journal, qu'on se plaint de trouver des ossements dans cette rue et dans les rues adjacentes. »

Sous Philippe-Auguste, en 1188, le cimetière des Innocents fut clos de murs.

En 1348, il mourut à Paris tant de monde que les cimetières regorgeaient. Philippe de Valois ordonna au Prévôt des marchands de chercher *hors la ville* une place pour de nouveaux cimetières. C'est alors qu'on en installa un rue Saint-Denis, dans un terrain attenant à la Trinité.

Vers la fin du XVIe siècle, l'usage d'inhumer les morts dans les églises s'était tellement généralisé à Paris qu'il n'y avait plus de place pour eux dans les cryptes intérieures de ces édifices. Les cimetières dépendant des paroisses et des maisons religieuses étaient aussi encombrés de cadavres.

Le nombre de ces lieux de sépulture était cependant considérable, voici la nomenclature de ceux qui existaient en 1774 :

Le cimetière de *Saint-André-des-Arcs*, situé près de l'église et dans la rue du même nom ; de *Saint-Etienne-du-Mont*, vis-à-vis l'église ; de *Saint-Benoît*, rue Fromentel ; de *la Charité*. rue des Saints-Pères ; *des Innocents*, place des Innocents ; de *Saint-Jean*, au bout de la rue de la Verrerie ; de *Saint-Joseph*, remplacé par le marché du même nom, près la rue du Croissant ; de *Saint-Nicolas-des-Champs*, vis-à-vis la rue Chapon, son établissement remontait au xiiie siècle ; de *Saint-Nicolas-du-Chardonnet*, entre les rues Traversine et d'Arras ; de *Saint-Roch*, sur la chaussée d'Antin, il y fut installé lors de la construction des chapelles du Saint-Sépulcre établies sur l'emplacement du cimetière de Saint-Roch ; de *Saint-Séverin*, attenant à l'église de *Saint-Sulpice*, situé partie rue de Bagneux, partie rue Saint-Sulpice ; de *l'Hôtel-Dieu* ou de *Clamart*, il avait pris ce nom de l'hôtel de Clamart, situé rue de la Muette, les suppliciés y étaient inhumés ; il fut remplacé, en 1793, par le cimetière de Sainte-Catherine où se trouve le tombeau de Pichegru ; les restes du Dauphin, fils de Louis XVI, vinrent aussi y prendre place.

Deux cimetières affectés aux inhumations des israélites étaient établis à la même époque, l'un dans la rue Galande, l'autre rue de la Harpe, sur l'emplacement occupé aujourd'hui par la libraire Hachette.

Les protestants avaient aussi deux champs de repos.

Les ossements accumulés dans ces asiles mortuaires ont été, au fur et à mesure de la fermeture des cimetières établis dans la ville, pour la plupart transférés aux catacombes.

La première translation eut lieu en 1785 ; en 1787 on transporta dans la vaste nécropole souterraine les ossements des morts inhumés dans le cimetière de Saint-Eustache ; en 1790, ceux de Saint-André-des-Arcs ; en 1804, ceux de Saint-Nicolas-des-Champs ; en 1813, ceux de Saint-Benoît, etc.

En 1765, le Parlement, pour remédier aux maladies qui sévissaient dans le voisinage des cimetières, avait rendu un arrêt portant qu'à l'avenir les champs mortuaires devaient être placés hors de l'enceinte des villes. Cette disposition tomba en désuétude par la vive opposition qu'elle rencontra.

L'Assemblée nationale défendit, en 1790, les inhumations dans les églises. Enfin le 12 juin 1804, un décret prescrivit, dans un but d'hygiène et de salubrité, l'établissement de quatre vastes cimetières, en dehors de Paris, dans lesquels, à l'exclusion de tous autres lieux de sépulture, devaient se faire les inhumations. Le même décret ordonnait que chaque ensevelissement devait avoir lieu dans une fosse séparée ; que l'ouverture de nouvelles fosses, sur celles qui avaient été déjà occupées, ne devait avoir lieu qu'après une période de cinq années. Ce décret réglait, en outre, le mode de concession de terrains dans les cimetières, la police des lieux de sépulture et l'ordre des convois.

Depuis le système de concessions, établi par ce décret et réglé par l'arrêté du 15 ventôse an XIII, le Père-Lachaise avait été seul affecté aux concessions perpétuelles. Elles furent autorisées plus tard dans les cimetières de Vaugirard et de Montmartre.

En 1813, la ville de Paris renfermait encore dans son enceinte quatre cimetières. Un arrêté du 2 septembre de cette année prescrivit provisoirement et jusqu'à l'ouverture des nouveaux cimetières, dont la création avait été ordonnée par l'arrêté préfectoral du 21 ventôse an IX, que l'inhumation en sépulture particulière perpétuelle ou temporaire ne pourrait avoir lieu qu'au Père-Lachaise.

Le même arrêté statua que l'inhumation en sépulture commune continuerait à se faire dans les quatre cimetières; que le cimetière de Montmartre recevrait les corps des Ier et IIe arrondissements; le cimetière de Mont-Louis, ceux des IIIe, IVe, V^e, VIe, VIIe, VIIIe et IXe arrondissements; que le cimetière de Vaugirard serait affecté aux Xe et XIe et le cimetière de Sainte-Catherine au XIIe. Mais ce dernier cimetière ayant été supprimé par arrêté du 14 juin 1844, le cimetière de Vaugirard fut désigné pour l'inhumation des décédés du XIIe arrondissement.

Cet état de choses paraît s'être maintenu jusqu'en 1825, époque de l'ouverture des nouveaux cimetières du Nord et du Sud (le cimetière du Père-Lachaise a été ouvert en 1804). Un arrêté du 20 septembre 1825 régla ainsi qu'il suit le service des inhumations :

1, 2, 3, 4e arrond. Cimetière du Nord.
5, 6, 7, 8e — — de l'Est.
9, 10, 11, 12e — — du Sud.

Cette organisation varia à l'époque du choléra. Le 31 mars 1832, le cimetière du Nord fut affecté au Ve arrondisement et vers la même époque, pour alléger le cimetière de l'Est, les quartiers des Lombards et de la Porte-Saint-Denis (VIe arrondissement), ainsi que les quartiers de la Cité et de Saint-Louis-en-l'Ile (IXe arrondissement), furent détachés de la circonscription du cimetière de l'Est pour appartenir, les premiers, au cimetière du Nord, les derniers, au cimetière du Sud. Cette disposition provisoire, adoptée le 27 avril 1832, cessa le 23 mars 1835, époque à laquelle le cimetière de l'Est fut agrandi au moyen de l'achat de nouveaux terrains.

Après l'annexion des communes suburbaines à la ville de Paris, un arrêté du préfet de la Seine répartit ainsi le service des inhumations :

1, 2, 8, 9, 10e arrond. Cimetière du Nord.
3, 4, 11, 12, 20e   —   — de l'Est.
5, 6, 7, 13, 14e   —   — du Sud.
17e arrondis. Cimetière des Batignolles.
18e   —   — de Montmartre.
19e   —   — de La Villette.
15e   —   — Grenelle et Vaugirard
16e   —   — Auteuil et Passy.

Les cimetières de La Chapelle, de Belleville, de Charonne, de Bercy, de Vaugirard et de

Sainte-Catherine ont été successivement fermés aux inhumations.

Il existe encore dans les murs de Paris un cimetière privé, celui de Picpus. Il est la propriété particulière de plusieurs nobles familles auxquelles il a été concédé sous l'empire. Nous avons dû nous abstenir en conséquence de signaler les sépultures qu'il renferme. Le général de Lafayette y repose.

Les ensevelissements en fosse commune se font en ce moment, en attendant la création d'un vaste cimetière à Méry-sur-Oise, dans les champs mortuaires de Saint-Ouen, plus connu sous le nom caractéristique de *Cayenne* à cause de son éloignement de la capitale, et d'Ivry, nommé aussi *Champ-des-Navets*, allusion faite à sa nudité ; des concessions temporaires sont accordées dans ces cimetières.

M. Frochot posa dans son arrêté du 13 ventôse an XIII (6 mars 1805), les règles à observer pour les concessions. Cet arrêté les divisait en deux catégories : les concessions à longues années et les concessions à perpétuité. Le prix de la première catégorie fut fixé à 50 fr. par mètre carré. Le prix des concessions perpétuelles était de 100 fr. par mètre carré. Lorsque la sépulture formait fondation pour la famille, il devait être payé pour chaque inhumation nouvelle dans cette sépulture, un vingtième du prix de la concession primitive.

Au bout de quelques années l'accroissement considérable des concessions, qu'on pensait d'abord devoir se borner à une ceinture restreinte autour du cimetière, avait absorbé une partie du cimetière de l'Est. Le Conseil municipal se décida, en conséquence, le 7 septembre 1824, à étendre le régime des concessions temporaires, réservé jusqu'alors au Père-Lachaise, à tous les cimetières; il réduisit, en outre, la durée de ces concessions à six années, au bout desquelles le terrain pouvait être repris, à moins que les familles n'eussent acquis le renouvellement de la concession ou la propriété perpétuelle.

Les terrains des concessions périmées ne furent cependant pas repris et les cimetières durent être agrandis. En 1829, pour diminuer autant que possible le nombre des concessions, la durée de la concession temporaire fut fixée à cinq ans, le renouvellement interdit et les prix des concessions perpétuelles augmentés.

Les trois champs mortuaires de la ville de Paris, insuffisants aujourd'hui à cause de l'accroissement considérable de la population, sont complétement fermés aux concessions conditionnelles depuis le 2 août 1877. Les concessions perpétuelles absorberont, à leur tour, les terrains qui y deviendront disponibles. Alors les nécropoles de Paris deviendront le véritable Panthéon de nos célébrités nationales, et bien que beaucoup d'hommes illustres aient préféré à leur patrie d'adoption, le sol natal pour dormir leur dernier sommeil, les cimetières de Paris sont assez riches en souvenirs historiques et artistiques pour intéresser le visiteur.

L'ouvrage que nous publions aujourd'hui n'aura donc à subir par la suite que de légères modifications ; nous les accomplirons à chaque nouvelle édition de notre ouvrage, si l'accueil qui lui est réservé rend cette mesure nécessaire.

Nous avons consacré à notre œuvre de longues journées, nous avons dû faire de minutieuses recherches dans les archives des cimetières et dans les bibliothèques ; enfin, nous avons dû parcourir, pour ainsi dire, tombe par tombe, les 45 hectares de terrain du Père-Lachaise et autant dans les deux autres cimetières réunis pour relever les positions de plus de 1,700 sépultures. Nous espérons que nos lecteurs nous tiendront compte de nos efforts et qu'ils voudront bien nous excuser pour les omissions involontaires qu'il est presque impossible d'éviter dans un ouvrage de la nature de celui que nous avons entrepris ; nous réparerons nos oublis, s'ils nous sont signalés, à une prochaine édition.

Nous ne saurions terminer ces quelques lignes d'introduction sans offrir nos remercîments à M. le Préfet de la Seine et à M. l'Inspecteur général des cimetières de Paris dont l'autorisation nous a facilité les moyens d'entreprendre notre ouvrage, et aussi à MM. les Conservateurs qui ont amoindri notre tâche, en nous prêtant leur concours éclairé avec une amabilité et une bonne grâce dont nous sommes heureux de leur témoigner ici toute notre reconnaissance.

AU LECTEUR

Pour rendre plus commode l'usage des plans de notre *Guide* et afin que l'œil ne se perde pas dans un dédale inextricable d'avenues et de chemins, défaut inhérent aux plans trop petits, tandis que les plans établis sur une grande échelle ont l'inconvénient d'être peu portatifs et incommodes, surtout par les grands vents qui empêchent de les tenir ouverts, nous avons fait de chaque cimetière un plan d'ensemble, divisé en plusieurs parties. Ces parties, indiquées par une ligne ponctuée sur ce dernier plan sont reproduites séparément sur un plan spécial, dans lequel sont indiqués les numéros des divisions inscrits à la suite des descriptions et des biographies relatées dans notre ouvrage.

Il est donc facile de chercher sur le plan d'ensemble la partie du cimetière qu'on veut parcourir et de se reporter au plan spécial de cette partie pour les détails des divisions qui sont, du reste, désignées dans les cimetières par des poteaux indicateurs.

Les notices biographiques classées, par ordre alphabétique et aussi par parties, suivent immédiatement les plans.

La lettre [A] indique les monuments remarquables seulement au point de vue artistique.

La date qui suit les noms et prénoms des personnages remarquables est celle du décès ou de l'inhumation.

Le chiffre placé entre parenthèses désigne le numéro de la division.

Enfin, nous devons prévenir le visiteur que, malgré nos indications précises, il ne trouvera pas quelquefois, au premier abord, les tombes désignées sur nos plans. Certaines inscriptions sont frustes et à peine lisibles; souvent elles sont cachées par le lierre ou des couronnes, des fleurs. Il ne doit pas se rebuter, des investigations opérées avec soin sur les points désignés dans notre *Guide* doivent nécessairement le conduire à trouver la sépulture qu'il recherche.

Une table placée à la fin de la description de chaque cimetière désigne la partie du plan dans laquelle se trouve indiquée la division où est située la tombe du personnage qu'on désire visiter.

POLICE DES CIMETIERES

Les cimetières chrétiens sont ouverts tous les jours.

Les cimetières israélites sont fermés le samedi.

Le cimetière musulman, toujours fermé, ne peut être visité qu'en vertu d'une autorisation spéciale donnée par le Conservateur du cimetière.

On visite les autres cimetières sans autorisation et gratuitement.

Un arrêté fixe les heures d'ouverture et de fermeture des portes, suivant les saisons.

Il est défendu : (ordonnance de 1843) de se faire suivre de chiens dans les cimetières, d'y fumer, de toucher aux fleurs et aux objets déposés sur les tombes, d'y entrer dans une tenue négligée ou avec des paquets (un bureau à l'entrée du cimetière est affecté à les recevoir), de s'y reposer ailleurs que sur les siéges affectés à cet usage.

Enfin les visiteurs qui le désirent, peuvent se faire accompagner d'un conducteur qui les guidera dans leur excursion, moyennant une rétribution dont le taux est à leur convenance. Le bureau des conducteurs est situé à l'entrée des cimetières.

Une cloche donne le signal de la fermeture des portes, après quoi les gardiens font sortir les visiteurs.

Heures d'ouverture et de fermeture des portes :

Du 1er février au 15 mars	de 7 heures	à 5 heures.
16 mars au 30 avril	de 6 —	à 6 —
1er mai au 31 août	de 6 —	à 7 —
1er septemb. au 15 octobre	de 6 —	à 6 —
16 octobre au 30 novemb.	de 7 —	à 5 —
1er décembre au 31 janvier	de 7 1/2	à 4 1/2.

Paris-Cimetières   par Edward FALIP.

CIMETIÈRE DE L'EST
LE PÈRE LACHAISE

PLAN D'ENSEMBLE

Abréviations:
Av. Avenue
Ch. Chemin
Parties ....

CIMETIÈRE DE L'EST

LE PÈRE-LACHAISE

L'entrée principale est située sur le boulevard de Ménilmontant, à l'extrémité de la rue de la Roquette.

Omnibus qui passent devant la porte du cimetière ou à peu de distance.

Ligne de la Madeleine à la Bastille avec correspondance pour Charonne. Tramway de l'Etoile à la barrière du Trône. Omnibus du Louvre à Belleville, de Ménilmontant à la Chaussée du Maine.

Le terrain sur lequel s'étend aujourd'hui le cimetière de l'Est, plus connu sous le nom de *Père-Lachaise*, a fait partie jadis des propriétés de Jean d'Avignon, ménestrel du roi. Il était compris, au xive siècle dans la circonscription de la paroisse de Charonne; l'évêque de Paris y possédait un pressoir. On le nommait à cette époque *Champ-l'Evêque*.

Vers le milieu du xve siècle, cette propriété appartenait à l'épicier Regnault. L'honorable négociant, enrichi par d'habiles opérations commerciales, y avait fait élever une maison de plaisance dans laquelle il donnait des fêtes splendides pour lesquelles il dépensait des sommes considérables. De là l'origine du nom de *Folie-Regnault* donné par le peuple à la villa de l'épicier.

La maison et ses dépendances passèrent en 1615 entre les mains des RR. PP. Jésuites par suite d'une donation que leur en fit une de leurs pénitentes. Les Révérends Pères firent de la *Folie-Regnault* leur maison de retraite.

Le 2 janvier 1652, Louis XIV vint visiter le nouvel établissement des Jésuites et assista de là à la lutte engagée dans le faubourg Saint-Antoine entre le maréchal de Turenne et le prince de Condé. Les RR. PP., en commémoration de la royale visite, donnèrent à partir de ce moment, le nom de *Mont-Louis* à cette succursale de leur maison de la rue Saint-Antoine.

Le Révérend père Lachaise, membre de la Compagnie de Jésus, était le confesseur du roi ; il résidait à Mont-Louis ; une des règles de l'ordre auquel il appartenait interdisait rigoureusement l'ouverture des portes de la maison après l'heure de minuit. Un jour, ou plutôt une nuit, après cette heure, un courrier de la cour vint chercher, de la part de Sa Majesté, le père Lachaise pour un cas de conscience pressé. Ce fut en vain que le messager royal frappa au guichet de *Mont-Louis*, le pouvoir du souverain dut fléchir devant la règle sévère de la Compagnie de Jésus.

Louis XIV, pour empêcher le retour d'un pareil incident, installa son confesseur dans une partie séparée des autres locaux ; il lui donna un magnifique jardin et lui fit élever une habitation très-confortable.

Bientôt, des arbustes rares, des plantes exotiques et des fleurs à profusion dessinèrent les allées d'un splendide jardin anglais, orné de pièces d'eau et d'accidents de perspective savamment combinés ; une orangerie magnifique fut établie à l'entrée de la maison de plaisance, et bientôt aussi la résidence du confesseur du roi devint le rendez-vous des courtisans. C'est là que se tramaient et que se dénouaient les intrigues de Cour : plus d'une lettre de cachet eût pour point de départ le *Père-Lachaise*, c'est le nom que porta l'habitation du Révérend Père depuis ce moment.

Après l'expulsion des Jésuites, le Parlement ordonna la mise en vente de leurs propriétés pour payer certaines dettes que les RR. PP. n'avaient pas eu le temps de solder avant leur départ. La maison du père Lachaise fut comprise dans la vente, elle passa successivement entre les mains de plusieurs propriétaires jusqu'au moment où, en 1765, elle fut achetée par M. Baron-Desfontaines. Ce dernier la céda en 1804 à M. Frochot, préfet de Paris, qui l'acquit pour le compte de la ville et pour le prix de 160,000 francs. Le cimetière de l'Est y fut installé à cette époque par M. Brongniard, architecte chargé par la ville d'approprier les terrains à leur nouvelle destination.

Le cimetière a été agrandi à diverses reprises.

Le 27 mai 1871, une partie des fédérés, derniers défenseurs de la Commune, traqués par les troupes entrées depuis cinq jours dans Paris et poursuivis par les fusiliers marins, se replièrent sur le Père-Lachaise. « Il y eut là, dit M. Claretie (1), une lutte héroïquement affreuse... On voyait, deux jours après encore, sur les caveaux de pierre, les traces de mains noires de poudre essuyées là et parmi les

(1) *Histoire de 1870-1871*, par Jules Claretie.

fosses mortuaires, des tas d'armes brisées et de bouteilles vides. »

En 1804, 115 pierres funéraires seulement s'élevaient dans le Père-Lachaise ; en 1815, il y en avait déjà 1877 ; en 1830, on y comptait 31,000 monuments funèbres ou pierres tumulaires. Aujourd'hui les compter serait une œuvre difficile sinon impossible à accomplir.

On entre au cimetière du Père-Lachaise par la porte principale sur laquelle on lit les inscriptions suivantes, à droite :

Qui credit in me, etiam si mortuus fuerit vivet (Jean XI).

« Celui qui croit en moi vivra, quand même il serait mort. »

A gauche :

Spes illorum immortalitate plena est (Sapient, III, V).

« Leur espérance est pleine d'immortalité. »

Sur les vantaux de la porte :

Scio quod Redemptor meus vivit et in novissimo die de terra surrecturus sum (Job, XIX).

« Je sais que mon rédempteur est vivant et que je ressusciterai au dernier jour. »

La chapelle du père Lachaise a été construite sur l'emplacement où s'élevait la demeure du confesseur de Louis XIV. Elle mesure 22 mètres de long sur 11 mètres de large. Godde, l'éminent architecte, est l'auteur des dessins du funèbre édifice, pour lequel la veuve du docteur Bosquillon fit un legs considérable.

Les divisions du Père-Lachaise, circonscrites par les avenues et les chemins étaient désignées autrefois par les noms des principaux monuments élevés dans ces parties du cimetière. Aujourd'hui, ces noms ont été remplacés par des numéros d'ordre. Le tableau suivant indique le rapport qui existe entre les numéros d'ordre et les anciennes désignations :

1. Du Garde-Portier.
2. Pavillon des Conducteurs.
3. Du Bureau.
4. Lenoir-Dufresne.
5. Lebrun, duc de Plaisance (des quatre arpents).
6. Les Victimes.
7. Abélard et Héloïse.
8. Comte d'Arberg.
9. Cremayel, ou Orangerie.
10. Du Père-Éternel, ou Orangerie.
11. Delille, ou Orangerie.
12. Talma.
13. Bosquillon, ou Orangerie.
14. Serré.
15. Bernard.
16. Labedoyère (des quatre arpents).
17. Duc de Bellune.
18. Grand-Rond.
19. Grand-Rond.
20. Raucourt.
21. Chapelle Bertholle.
22. Saint-Morys (ou du bassin)
23. Général Gourgaud.
24. Clary.

25. Guyot.
26. Montvoisin.
27. Bourdillat, ou Comtesse d'Otrande.
28. Masséna.
29. Le Dragon.
30. Grand-Rond.
31. Duc de Bassano.
32. Boulart.
33. Boulart.
34. Marquis de la Mazelière.
35. Lunette Saint-Laurent.
36. La Guérite.
37. Gobert.
38. Comte Viguier.
39. Les Protestants.
40. Greffulhe.
41. Petit-Cimetière.
42. Petit-Cimetière.
43. Tonniges.
44. Quinconce.
45. Derrière Aguado.
46. Amiral Lalande.
47.
48. Beaujour.
49. Feuillant.
50. Marquis d'Argenteuil.
51. Derrière la Chapelle.
52.
53. Le Bastion.

54.
55. Cour de la Chapelle.
56. Neigre.
57. Grouchy.
58. Bruix.
59. Thirion.
60. Les Auziots.
61. ⎫
62. ⎬ Sur le boulevard.
63. ⎪
64. ⎭
73. Léger.
74. Léger.
75. Léger.

PREMIÈRE PARTIE

Avenues : Principale, Thirion, Bruix, de la Chapelle, Circulaire, Dufourmentelle, du boulevard de Ménilmontant.

Divisions : 1, 4 1re section, 56, 57, 58, 59, 60, 61, 62, 63, 64, 65, 66, 67, 68.

Le chiffre placé entre parenthèses désigne les divisions.

A

ALBONI-PEPOLI. Sépulture de famille (66).

ALMÉIDA-SOUZA [A]. Tombeau de famille (66). Comtesse de SOUZA, romancière, — 1836 — *Adèle de Sénanges.*

ANICET-BOURGEOIS. Voir BOURGEOIS (4, 1re sect.).

ANJUBAULT (Auguste), constructeur-mécanicien — 1868 — (65). Statue en marbre par Maillet.

B

BATISTE (Antoine-Edouard), compositeur de musique, professeur au Conservatoire, organiste de Saint-Eustache, — 1876 — (65).

BAZIN et LENOIR [A] (4, 1re sect.).

BÉCLARD (Philippe), ministre plénipotentiaire, — 1864. — Statue et médaillon (4, 1re sect.).

BERGER (J.-J.), préfet de la Seine, sénateur — 1859 — (58).

BERNARD (Charles), violoncelliste, premier prix du Conservatoire. Volontaire, tué à Buzenval — 1871 — (66).

BERTHÉLÉMY (Félix), professeur au Conservatoire de musique — 1868. — Buste de Noël (56).

BEULÉ (Charles-Ernest-Ferdinand), antiquaire, archéologue, membre de l'Institut, secrétaire perpétuel de l'Académie des Beaux-Arts. Ministre de l'Instruction publique — 1874. — *L'Architecture au siècle de Pisistrate, L'Acropole d'Athènes, Fouilles à Carthage* — (4, 1re sect.).

BIZET (George), compositeur de musique — 1875

— *Les Pêcheurs de perles, la Jolie fille de Perth, Patrie*, etc. (68).

BLANC (Édouard) [A], entrepreneur des jeux de Monte-Carlo — 1877 — (56).

BOURGEOIS (Anicet), auteur dramatique — 1871. —*La Nonne sanglante, La Dame de Saint-Tropez*, etc. (4, 1re sect.).

BOYER (Louis), ancien directeur du théâtre du Vaudeville —1866 — (4, 1re sect.).

C

CHASSELOUP-LAUBAT. Sépulture de famille dans laquelle sont inhumés :

CHASSELOUP-LAUBAT (François), lieutenant-général, sénateur — 1833.

CHASSELOUP-LAUBAT (Prudent), général — 1863.

CHASSELOUP-LAUBAT (Prosper), sénateur, conseiller d'État, ministre (56).

CHEVÉ (Émile), docteur en médecine, chirurgien de la marine, compositeur, propagateur de la méthode de musique de Galin — 1864 — et

PARIS (Aimé), collaborateur de Chevé —1860.— *Manuel théorique et pratique de musique vocale.*

Ce monument où repose aussi Narcisse Chevé a été élevé avec le produit d'une souscription populaire (56).

CLÉMENT-THOMAS (Jacques-Léonard), général,

représentant du peuple, fusillé pendant la Commune de Paris, à Montmartre — 1871. — Monument de Coquard, architecte ; Cugnot, sculpteur (4, 1re s.).

COLLET (F.-C.), fondateur et président de la Société de Secours mutuels de Saint-Anne — 1871. — Buste (4, 1re sect.).

D

DAVID (Jacques-Louis), peintre illustre de l'École française, — 1825. — Lorsque David mourut en exil, à Bruxelles, le Gouvernement refusa de laisser entrer en France le cercueil du célèbre artiste. Son cœur seul trouva place dans le tombeau. Béranger dit à cette occasion : « Quoi ! l'on repousse son cercueil, « et l'on hérite de sa gloire ! » (56). Médaillon.

DEBURAU (Charles), excellent comique dans les pantomimes, où il remplissait le rôle de Pierrot, — 1847 — (59).

DANTAN. Sépulture de famille dans laquelle sont inhumés :

DANTAN (Antoine-Joseph), statuaire — 1842.

DANTAN jeune (Jean-Pierre), 1869.

Joli monument polychrôme. Médaillon par Dantan (4, 1re sect.).

DESLANDES (Léopold), docteur en médecine — 1852. — Buste (4, 1re sect.).

E

ERRAZU (Joachim-Maria) [A]. Aux angles du tombeau : *la Charité, la Religion, l'Ame, la Résignation*, statues en marbre, par Mathieu Meusnier (68).

F

FLANDRIN (Hippolyte), peintre d'histoire — 1864. — *Fresques de Saint-Germain-des-Prés, de Saint-Vincent-de-Paul*, etc. Buste par Oudiné (57).

FLOURENS (Marie-Jean-Pierre), docteur en médecine, secrétaire perpétuel de l'Académie des sciences, professeur d'histoire naturelle au Muséum, pair de France — 1867. — *Œuvres d'histoire naturelle*, et

FLOURENS (Gustave), fils du précédent, professeur au Collège de France. Tué pendant l'insurrection, près de Créteil, par un officier de l'armée régulière qui lui fendit le crâne d'un coup de sabre. — 1870 — *Histoire de l'Homme. Cours d'histoire naturelle des corps organisés* (66).

Voir en face de cette tombe, dans la division 67, un médaillon sculpté sur un mausolée très-élégant (67).

FOULD (Achille), homme politique financier, quatre fois nommé ministre des finances pendant le règne de Napoléon III, député, représentant de la

Seine, membre de l'Académie des beaux-arts — 1867 — (4, 1re sect.).

FORNAS (Aimé), conseiller à la cour de Paris — 1866. — Buste (65).

G.

GRENFELL (John), amiral anglais — 1869 — (56).

GROUCHY (Emmanuel, marquis de), maréchal de France sous Napoléon Ier — 1847. — *Campagnes de l'Empire, de Vendée, de France* (57).

H

HALLONVILLE (général d'). Sépulture de famille (61).

HAUSSMANN (baron). Sépulture de famille dans laquelle est inhumé :

HAUSSMANN (Nicolas-Valentin, baron), — 1876 — (4, 1re sect.).

HAUTOY [A]. Chapelle (58).

HOREAU [A]. Monument élevé par sa mère à une jeune fille d'une merveilleuse beauté (65).

J

JOLIVEAUX (F.-B.), homme de lettres — 1871. — *L'Amérique actuelle, L'Arabie centrale, La Russie libre* (56).

L

LACHAUD. Sépulture de famille (65).

LE BAS (Jean-Baptiste-Appolinaire), ingénieur de la marine. Organisateur du Musée naval — 1873. *Erection de l'obélisque de Louqsor sur la place de la Concorde.* Les engins employés par Le Bas à cette occasion sont gravés sur la pyramide qui surmonte le mausolée (4, 1re sect.).

LECOMTE (Claude-Martin), général, fusillé avec le général Clément-Thomas, rue des Rosiers, à Montmartre, dans les premières journées de la Commune, — 1871. — Sculpteur Cugnot. Architecte Coquard (4, 1re sect.).

LEHODEY (Paul), volontaire, tué pour la Défense nationale — 1871 — (68).

LEROY (C.-F.-A), professeur de mathématiques à l'École polytechnique et à l'École normale — 1854 — (60).

LIOUVILLE (Félix), bâtonnier de l'ordre des avocats de Paris. — 1860 — (59).

M

MARCHAL DE CALVI (Charles), docteur-médecin, homme politique.— 1873 — Buste. *Ouvrages sur les embaumements.* (57).

MARTINET (Louis), imprimeur, a contribué aux progrès de la typographie en France, (56). Médaillon et tombeau par Etex.

MARX (Simon), docteur en médecine, directeur de l'hôpital Saint-Antoine (4, 1re sect.). Médaillon.

MAUREL (Auguste), éditeur. — 1866 — (65).

MONPOU (Hippolyte), compositeur de musique. — 1841 — *Piquillo, La chaste Suzanne, Le Planteur.* (58). Colonne en marbre.

MUSSET (Alfred de), poète, membre de l'Académie française — 1857. — *Lorenzano, Mardoche, Rolla, Le Caprice, Proverbes* (4, 1re sect.). Buste de Barre.

ÉPITAPHE :
Mes chers amis, quand je mourrai,
Plantez un saule au cimetière ;
J'aime son feuillage éploré,
La pâleur m'en est douce et chère,
Et son ombre sera légère
A la terre où je dormirai.

Ce dernier vœu a été exaucé, : un saule ombrage la tombe du sympathique poète.

N

NEIGRE (baron Gabriel), général d'artillerie — 1847. — Monument orné de canons et de boulets (66).

NELTNER (C.-T.), colonel du 126e régiment de marche, tué pour la Défense nationale — 1871 — (62).

NIOL (Louis-René), général — 1868 — engagé volontaire (56).

P

PARIS. Voir CHEVÉ.

PEPOLI-ALBONI. Voir ALBONI.

PERELLI (Gennaro), pianiste du roi d'Italie, commandant des carabiniers parisiens, mort pour la Défense nationale — 1871. — Buste par Marchi (56).

PIGNATELLI (prince Hector) — 1868 — (61).

POINSOT (Louis), mathématicien, membre de l'Institut, sénateur — 1859 — (4, 1re sect.).

POZZO DI BORGO (Charles-André, comte), diplomate, ambassadeur de Russie — 1842 — (57).

PROVOST (F.-J.-B.), de la Comédie française, professeur au Conservatoire — 1865. — Buste (4, 1re sect.).

R

RENAULT (baron P.-H.), général — 1870. — *Campagnes d'Afrique, de Crimée, d'Italie. Tué à Champigny* (68).

RŒDERER (Pierre-Louis comte), Constituant, homme politique, membre de l'Académie des sciences, Pair de France, —1835 — (4, 1re sect.), auteur du *Projet de loi abolissant les ordres monastiques.*

ROSSINI (Joachim-Antoine), compositeur de musique, — 1869, — *Guillaume Tell, Le Barbier de Séville, Stabat Mater,* etc. (4, 1re sect.).

S

SAINT-CLAIR (Pierre-Léon), commandant des sapeurs-pompiers de Paris, mort à la suite d'une maladie contractée pendant un incendie, — 1876 — (56).

SIGNORINO (Louis de), général. Tombe de famille (65).

SIMON (François-Jules), fondateur des Sociétés musicales et chorales en France, littérateur, poète et musicien. Directeur du journal *l'Orphéon.* — — 1868 — Monument élevé par les orphéonistes de France (65).

V

VARIN (Charles), auteur dramatique — 1869 — (67).

VARIN et LENOIR [A], (4, 1re sect.).

VERNET (Charles-Edme), artiste dramatique, — 1848 — (50).

VÉRON (Eugène), docteur en médecine, directeur du *Constitutionnel,* du Grand-Opéra, — 1867 — (67). *Mémoires d'un bourgeois de Paris.*

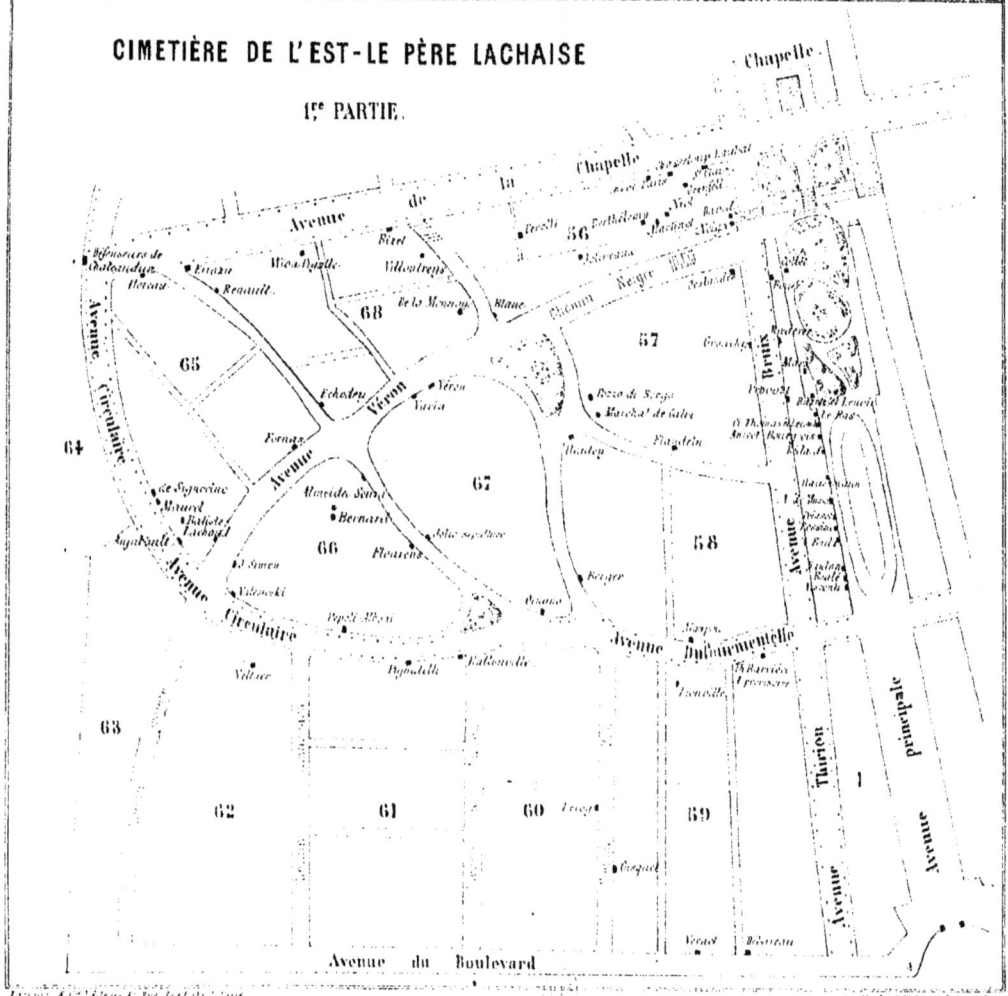

VILLOUTREYS (comtesse de), [A] (68).

VISCONTI (Louis-Tullius-Joachim), architecte, membre de l'Institut — 1853. — *Achèvement du Louvre sous le règne de Napoléon III.* Monument élevé par souscription. Statue de Simart, terminée par Leharivel-Durocher; architecte, Pigeory. Bas-relief représentant le Louvre, et :

VISCONTI (Emmius-Quirinus), antiquaire archéologue —1818.— *Iconographie ancienne* (4, 1re sect.).

W

WALEWSKI (Alexandre-Florian-Joseph, duc de), homme d'État, littérateur, ministre d'État, des affaires étrangères, membre de l'Académie des beaux-arts. — 1868 — Dirigea les négociations qui mirent fin à la guerre de Russie (68).

WION-PIGALLE (Amélie), maîtresse sage-femme, morte victime de son dévoûment — 1874. — Buste en bronze (68)

DEUXIÈME PARTIE

Avenu s : Principale, du Puits, du Conservateur, de l'Orangerie, de la Chapelle, Delille, Casimir Périer.

Divisions : 2, 3, 4 2e sect., 7, 8, 9, 10, 11, 12, 13, Cimetière Israélite.

A

ABÉLARD et HÉLOISE. — Abélard était sans contredit un des plus beaux génies de son siècle. Il aima Héloïse dont il était le précepteur. Le chanoine Fulbert, oncle de la jeune fille, surprit leur secret et se vengea cruellement d'Abélard en le faisant affreusement mutiler. Héloïse se retira au couvent du Paraclet, fondé par Abélard, elle devint l'abbesse de ce monastère.

Après leur mort, les deux amants furent réunis dans le même tombeau.

Lors de la vente du Paraclet, en 1792, les notables de Nogent-sur-Seine allèrent en cortége chercher les corps d'Héloïse et d'Abélard et les firent inhumer dans l'église de cette ville, d'où ils furent transportés, le 3 floréal an VIII, au musée des monuments publics. Le tombeau en forme de cénotaphe qui recouvrait leurs dépouilles, avait été brisé en 1794. Celui dans lequel leurs cendres sont conservées est le monument que Pierre-le-Vénérable avait fait élever à Abélard, lorsqu'il mourut en l'an 1141, dans la chapelle de Saint-Marcel-les-Châlons. C'est dans ce tombeau, resté vide pendant sept siècles, que M. Alexandre Lenoir fit déposer, au musée des monuments français, les cercueils d'Héloïse et d'Abélard. La statue d'Héloïse est une figure de femme du xii° siècle appartenant à une tombe de la même époque, à laquelle le directeur du Musée des monuments français fit adapter le masque d'Héloïse. La statue d'Abélard était sur le tombeau construit par Pierre-le-Vénérable. Le baldaquin provient de la démolition d'une chapelle de Saint-Denis. Ce monument fut installé au Père-Lachaise lors de la suppression du musée dans lequel Alexandre Lenoir avait rassemblé les chefs-d'œuvre de sculpture et de peinture qui font l'orgueil de nos musées et de nos églises.

Traduction de l'épitaphe latine :

« Sous ce même marbre gisent Pierre Abélard,
« fondateur de ce monastère, et Héloïse, sa première
« abbesse, tous les deux réunis jadis par l'étude,
« par l'esprit, par l'amour, par des nœuds infortunés
« et par le repentir. Unis aujourd'hui, c'est notre
« espérance, dans une félicité éternelle. Pierre mou-
« rut le 20 avril 1141. Héloïse le 22 mai 1163.
« Caroline de Roussy, abbesse du Paraclet, a fait
« élever ce monument en 1779. » — (7)

ADELON (Nicolas-Philibert), professeur à la Faculté de médecine, membre de l'Académie de médecine — 1862 — (11).

ADVISARD (marquis d') — 1717 — Maréchal des camps et armées du roi, aide-de-camp de Mgr le prince de Condé. Administrateur, publiciste. Exhumé de Vaugirard. (11).

AIGNAN (Etienne), membre de l'Institut — 1824 — (11).

ALLART (Mary, née GAY), romancière — 1821 — (11).

ALLEGRI [A]. *Cimetière israélite.*

ALLENT (Pierre-Alexandre), conseiller d'État, député, pair de France — 1837 — (10).

ANGOT (Madame). Joli buste [A] (9).

ARAGO (François), astronome, membre du bureau des Longitudes, de l'Institut, secrétaire perpétuel de l'Académie des sciences, directeur de l'Observatoire — 1855 — *Prolongation de la Méridienne, Magnétisme de rotation*, etc., Obélisque, buste de David. (4, 2e section). Monument élevé par souscription universelle.

AUBER (Daniel-François-Esprit), compositeur de musique. — 1871 — *La Muette, Les Diamants de la Couronne, Le Domino noir* (4, 2e section.) Monument élevé par souscription nationale. Buste de Dantan.

AUDOIN (Jean-Victor), membre de l'Institut — 1841 — (11).

B

BACULARD-D'ARNAUD (François-Thomas de), littérateur — 1805. — *Les Épreuves du sentiment* (10).

BARBIÉ DU BOCAGE (Jean-Denis), philologue et géographe, membre de l'Institut — 1825 — (11).

BAROCHE. Sépulture de famille (4, 2º section).

BAROCHE (Ernest), chef de bataillon des gardes mobiles de la Seine. Tué au Bourget.

Grièvement atteint à la tête d'une balle prussienne, le commandant Baroche descendit de la maison qu'il défendait après s'être bandé la figure d'un mouchoir pour se remettre à l'action ; c'est alors qu'il tomba mortellement frappé — 1870. — Buste (4, 2º section).

BARTHE (Félix), garde des Sceaux, président de la Cour des comptes — 1863 — (4, 2º section).

BARTHÉLEMY-SAINT-HILAIRE. Sépulture de famille (4, 2º section).

BÉCLARD (Pierre-Augustin), chirurgien, professeur d'anatomie — 1825. — Buste (8).

BEDEAU (Marie-Alphonse), général, *Campagnes d'Afrique* — 1863 — (12).

BELLANGER (François-Joseph), architecte — 1818 — *Halle au blé*. Médaillon (11).

BELLINI (Vincent), compositeur de musique — 1833. — *I Puritani, Norma, La Sonnanbula*. Les cendres de Bellini ont été restituées à l'Italie, en 1876, et transférées à Catane, patrie de l'illustre maître. Les membres de la Commission italienne, délégués pour venir chercher en France et accompagner à Catane les dépouilles mortelles de Bellini, ont fait poser sur son tombeau une plaque en marbre sur laquelle on lit : « Catane, en réclamant des cendres illustres, a gravé sur cette pierre le témoignage de sa reconnaissance envers la France, le 15 septembre 1876. » (11).

BERNARDIN DE SAINT-PIERRE (Jacques-Henri), philosophe et littérateur — 1841. — *Paul et Virginie, Études de la nature*, etc. (11).

Dans la même tombe, GAZAN (Marie-Joseph, baron de), général (11).

BERVIC (Joseph-Guillaume), graveur — 1822. — (11).

BESSON BEY (Jean-Baptiste), vice-amiral — 1837. — Buste (4, 2e section).

BICHAT (Marie-François), docteur en médecine, professeur à la Faculté — 1802 — (8).

BLANCHARD (Armand Madeleine-Sophie, née), aéronaute, périt dans une ascension et fut précipitée de son ballon sur le toit d'une maison de la rue de Provence — 1819 — (13).

BLANDIN (Philippe-Frédéric), médecin, membre de l'Académie de médecine. — 1849 — Médaillon d'Elschoëcht (8).

BOIELDIEU (Adrien), compositeur de musique — 1834. — *La Dame blanche*, etc. Monument élevé avec le produit d'une souscription nationale (11).

BOSSI (Joseph-Charles-Aurélien, baron de), poète italien, administrateur, diplomate — 1823. — *I Circassi*, *Rea Silvia*, tragédies, etc. (13)

BOSQUILLON (Edouard-François-Marie), lecteur du roi, professeur de grec au Collége de France — 1814 — et Marie NAUDIN, veuve de E.-F.-M. BOSQUILLON — 1817 — légua une somme considérable pour la construction de la chapelle du cimetière (11).

BOUFFLERS (Stanislas, abbé de), dit le chevalier de Boufflers, poète, député aux États-Généraux — 1815 — Monument situé dans l'enceinte du tombeau de Delille.

ÉPITAPHE :
Mes amis, croyez que je dors.

Il fit rendre le décret qui assure aux inventeurs a propriété de leurs découvertes (11).

BOUFFLERS (comtesse de Sabran de) (11).

> A la fin je suis dans le port
> Qui fut de tout temps mon envie ;
> Car j'avais besoin de la mort
> Pour me reposer de la vie.

Épitaphe par Delille :

> Malgré de vains secours, des âmes la plus belle
> S'envola doucement de ce corps digne d'elle.
> Comme, au gré d'un feu pur, s'exhale vers les cieux
> D'un beau vase d'albâtre un parfum délicieux.

BOURGOIN (Thérèse), de la Comédie française — 1833. — L'urne qui surmonte le mausolée, recueillie à Pompéi a été placée sur la tombe, d'après la recommandation expresse de la célèbre comédienne (12).

BOYER (Jean-Pierre), général, président de la République d'Haïti — 1850 — (12).

BRANCAS (Louis-Léon-Félicité), duc de Lauraguais, membre de l'Académie, pair de France — 1824 — (13).

BRÉGUET (Abraham-Louis), savant mécanicien, horloger de la marine, membre de l'Institut et du bureau des Longitudes. Inventeur des montres se remontant par le mouvement imprimé par la marche de la personne qui les porte. — 1823 — Buste.

BRONGNIARD (Alexandre-Théodore), architecte, auteur des *Plans d'appropriation du Père-Lachaise*,

Palais de la Bours — 1815. — Bas-relief représentant la Bourse (11).

BRONGNIARD (Alexandre), membre de l'Institut, directeur de la manufacture de Sèvres. — 1847 — Bas-relief et magnifique vase (11).

BURNOUF (Jean-Louis), philologue, professeur de rhétorique au collège de Louis-le-Grand, maître de conférences à l'École normale, professeur d'éloquence latine au Collège de France. — 1844 — *Méthode pour étudier la langue grecque* (8, 1re section).

C

CAHEN (Samuel), littérateur — 1862. — Traduction remarquable de la Bible. *Cimetière israélite.*

CAVELIER (L.-A.-M). peintre — 1867. — Médaillon de Jules Cavelier (8, 1re section).

CASTEX (Jean-Jacques) [A]. Médaillon (11).

CHARLES (Jacques-Alexandre-César), physicien, membre de l'Académie des sciences, aéronaute, s'éleva des Tuileries, avec Robert, dans le premier ballon gonflé au moyen du gaz hydrogène, le 1er décembre 1783. Il périt dans une ascension — 1823 — (11).

CHENAULT DE LATOUR (Claude), voyageur naturaliste — 1826. — (13).

CHÉNIER (Marie-Joseph de), membre de la Convention, auteur dramatique. *Charles IX* — 1811.

ÉPITAPHE :
La mort ne détruit pas ce qui n'est pas mortel.

CHÉNIER (André-Marie de). Cénotaphe élevé par son frère à la mémoire du poète mort sur l'échafaud, le 7 thermidor (8).

« Auprès d'André Chénier avant que de descendre,
« J'élèverai sa tombe où manquera sa cendre,
« Mais où vivront du moins et son doux souvenir
« Et sa gloire, et ses vers dictés pour l'avenir. »

7 thermidor, an II.

CHÉRUBINI (Luidgi-Carlo), compositeur de musique — 1842. — *Messe du sacre*, *Lodoïska*, *Les Abencerages*, etc. Bas-relief de Dumont (11).

CHOPIN (Frédéric), compositeur de musique — 1849. — Valses, mazurkas. Médaillon. Statue par Clésinger (11).

COCHARD (Claude-Alexandre), conseiller à la Cour de cassation et sénateur — 1815 — (10).

COLBERT (Édouard-Charles), contre-amiral — 1820 — (7). Épitaphe :

Honnêtes gens, priez pour lui !

CONTADES (Gaspard, comte de) — 1817. — Reçut treize blessures à la bataille d'Essling (11).

CORDIER (Louis-François), régent de la Banque de France — 1816 — (13).

COUSCHER [A]. Tombe en forme de ruche (11)

COULON (François), professeur au Conservatoire de musique — 1836 — (11).

COURLOT [A]. Statue en pierre (11).

COUSIN (Victor), philosophe, littérateur — 1868. — *Documents inédits sur l'Histoire de France*, etc. (4, 2° section). Le mausolée est la reproduction exacte du tombeau de Scipion.

CUVIER (Georges), naturaliste, professeur de paléontologie au Muséum, membre de l'Institut — 1832. — *Recherches sur les ossements fossiles des quadrupèdes*, etc, (8, 1re sect.).

D

DELAMBRE (Jean-Baptiste-Joseph), astronome, membre de l'Académie des sciences et du Bureau des Longitudes, professeur au Collége de France, membre du Comité de l'Instruction publique. — 1822 — (10).

DELILLE (Jacques, l'abbé), poète. Le tombeau de Delille est exécuté sur des plans qu'il avait lui-même tracés. *Les Jardins*, *Les Géorgiques*. — 1813 — *L'Enéide*, etc. (11).

DENON (Dominique-Vivant, baron), diplomate, littérateur, membre de l'Académie de peinture, directeur des musées nationaux — 1815. — *Voyage en Égypte*. Statue par Cartellier (10).

DESTUTT DE TRACY (comte Antoine-Louis-Claude), général, philosophe, député, membre de l'Institut, sénateur, pair de France, membre de l'Académie des sciences morales. — 1836 — *Éléments d'idéologie* (10).

DIDOT (Firmin), éditeur et imprimeur. Sépulture de famille (7).

DILLON (Ad.), femme du général DILLON et Fanny, leur fille, épouse du général BERTRAND. Suivirent Napoléon Ier à l'Ile d'Elbe (13).

DROUAUT (C.-L.), fondateur d'un établissement de bienfaisance pour les garçons de caisse et de retraite (10).

DUFRÉNOY (Ours-Pierre-Armand PETIT-), membre de l'Académie des sciences — 1827 et

DUFRÉNOY (Adelaïde), poète — 1825 — (11).

Inscription gravée dans la Chapelle

Ses chants venaient du cœur, le cœur fut son génie.
Instruite aux doctes lois du Dieu de l'harmonie ;
De Sapho, de Corinne, émule tour à tour,
Dufresnoy célébra la Patrie et l'Amour ;
De leurs malheurs communs volontaire victime,

L'Hymen et l'Amitié la trouvèrent sublime ;
Maintenant descendue au tombeau maternel
Son laurier protecteur le transforme en autel.
                                P.-F. Tissot.

DUGAZON (Louise), artiste de l'Opéra-Comique —
1821 — (11). Épitaphe par son fils :

Ici repose ma meilleure amie, c'était ma mère.

DULONG (Pierre-Louis), secrétaire perpétuel de l'Académie des sciences, chimiste et physicien — 1838. — Obélisque. Médaillon de David (8).

DUPORT (Louis), maître de ballets — 1853. — Buste et statuettes de Jean-Petit (10).

DUVERGIER DE HAURANNE, écrivain politique — 1830 — (13).

E

ÉRARD (Jean-Baptiste), transforma le clavecin et construisit les premiers pianos — 1826 — et

ÉRARD (Sébastien), constructeur de pianos — 1831 — et

ÉRARD (Claude); id., — 1863 — (11).

F

FAGET DE BAURE (Jacques-Jean, baron), historien, magistrat, député à la Constituante — 1817. — *Histoire du canal du Languedoc* (10).

FOULD (Madame), dame très-charitable. *Cimetière israélite.*

FOURCROY (Antoine-François), chimiste, membre de la Convention, conseiller d'État, directeur général de l'Instruction publique, membre de l'Institut. — 1809 — (11).

G

GALIN (Pierre), musicien, inventeur d'une méthode de musique simplifiée — 1822 — (13).

GARAT (Pierre-Jean), chanteur et compositeur, professeur au Conservatoire. — 1823 — (11).

GAREAU [A]. Statue (10).

GAVEAUX (Pierre), artiste lyrique, compositeur. *Lise et Colin, Le Bouffe et le tailleur* (11).

GÉRICAULT (Jean-Louis), peintre — 1824 — *Le Naufrage de la Méduse*, au Louvre. Monument par Etex (12).

GOHIER (Louis-Jérôme), président du Directoire — 1830. — Médaillon de David (10).

GOSSEC (Joseph), compositeur de musique — 1829. — Médaillon de Brun (13).

GRÉTRY (André-Ernest-Modeste), compositeur de musique — 1813. — *Le Tableau parlant, La fausse* magie, *Richard-Cœur-de-lion*, etc. Buste. La ville de Liège possède le cœur de Grétry.(11)

GINGUENÉ (Pierre-Louis), littérateur. — 1816 — *Histoire littéraire d'Italie, Edition des œuvres de Champfort* (11).

ÉPITAPHE :

Celui dont la cendre est ici
Ne sut, dans le cours de sa vie,
Qu'aimer ses amis, sa patrie,
Les arts, l'étude et sa Nancy.

GUGENHEIM (Marx), président du Consistoire israélite algérien — 1857. — *Cimetière israélite.*

H

HABENECH (Antoine), chef-d'orchestre du Conservatoire et du grand Opéra — 1849. — (11).

HALLEZ-CLAPARÈDE (comte), général, pair de France — 1842. — (4, 2º section).

HECQUEVILLY (Armand-François-Hennequin, marquis d'), pair de France, général — 1830 — (13).

HÉLOISE. — Voir Abélard.

HÉROLD (Louis-Joseph), compositeur de musique — 1833. — *Zampa, Le Pré-aux-Clercs*, etc. Monument très-simple décoré d'une lyre (13).

HURTAULT (Maximilien-Joseph), architecte, membre de l'Institut — 1824. — *Restauration du château de Fontainebleau* (11).

J

JAVAL (Léopold), député — 1872. — *Cimetière israélite.*

K

KHONRAAD (Edouard), sous-lieutenant au 3ᵐᵉ zouaves, tué à Beaune-la-Rolande — 1870. — *Cimetière israélite.*

KREUTZER (Rodolphe), compositeur de musique — 1831. — *Lodoïska, Mort d'Abel, Paul et Virginie* (13).

L

LACRESSONNIÈRE (Marguerite), artiste dramatique de l'Odéon — 1859. — Buste (12).

LAFONT (Charles-Philippe), compositeur, violoniste — 1839. — (12).

LA HARPE (Jean-François, DELHARPE dit de) poète, littérateur —1813. — *Cours de littérature.* Le tombeau est dans l'enceinte de celui de Delille, il était autrefois dans le cimetière de Vaugirard (14).

LAKANAL (Joseph), conventionnel; membre de l'Institut — 1845 — (11).

LALLEMANT (N.), étudiant en médecine, tué sur la place du Carrousel le 13 juin 1820, lors des troubles qui eurent lieu à Paris à l'occasion des modifications de la loi sur les élections, contre lesquelles il protestait avec ses amis. Le monument a été élevé par l'Ecole des beaux-arts, l'Ecole de médecine, l'Ecole de droit et le Commerce. Quatre mille jeunes gens suivirent le convoi de Lallemant (13).

LAMBERT (François, baron), intendant général — 1837 — (4, 2° sect.).

LAMBERTYE (Joseph-Emmanuel-Auguste, marquis de), général — 1819 — (13).

LAMEILLERIE (Louis-Charles-Auguste), contre-amiral (8, 1re sec.).

LANGLÉ (H.-F.-M.), professeur au Conservatoire de musique de Naples, bibliothécaire du Conservatoire de Paris, compositeur. — 1807 — *Mahomet II* (13).

LANGLÈS (Louis-Mathieu), orientaliste, membre de l'Institut, conservateur des manuscrits orientaux à la Bibliothèque — 1824 — (10).

LAVOISIER (comtesse de Rumfort) [A] (13).

LEBLANC (Nicolas-Charles-Léon), professeur au Conservatoire des Arts-et-Métiers — 1835. — Buste (11).

LEBRUN (Louis-Sébastien), compositeur de musique — 1829. — *Le Rossignol*, etc. (10).

LEDRU-ROLLIN (Alexandre-Auguste), homme politique, jurisconsulte, membre du gouvernement provisoire en 1848 — 1874 — (4, 2º sect.). « Il contribua puissamment à l'avènement de la République en 1848. Ministre de l'Intérieur, il organisa le suffrage universel. » Le monument a été inauguré le 24 février 1878. — Buste de David d'Angers fils, d'après Garrand.

LENORMAND (Mlle Marie-Anne Adélaïde) cartomancienne, prédisait l'avenir — 1844. — Buste dans la chapelle (3).

LEPAUTE (Jean-Baptiste), célèbre horloger — 1846 — (7).

LESUEUR (Jean-François), compositeur de musique — 1837. — *La Caverne, Paul et Virginie, Histoire générale de la musique* (11). Buste par Elshoëcht.

LESURQUES (Joseph). Accusé d'avoir assassiné le courrier de Lyon, il fut condamné à mort et exécuté. Sa réhabilitation n'a pu encore être obtenue. On lit sur son tombeau :

« *Victime de la plus déplorable des erreurs humaines.* » — 1796 — (8, 3ᵐᵉ section).

LOMET-DES-FOUGAUX (baron Antoine-François), colonel, professeur à l'École polytechnique — 1826 — (10).

LHÉRIE-BRUNSWICH (Léon LÉVY dit), auteur dramatique — 1859. — *Dans les Vignes*, etc. *Cimetière israélite.*

M

MARCHAND (Ennery), grand rabbin du Consistoire central des Israélites de France — 1852. — *Cimetière israélite.*

MARCHANGY (Louis-Antoine de), magistrat et littérateur — 1826. — *La Gaule poétique* (12).

MARJOLIN (Jean-Nicolas), médecin de l'Hôtel-Dieu, membre de l'Académie de médecine, professeur à la Faculté — 1850 — (7).

MARS (Anne-Françoise-Hippolyte BOUTET dite Mademoiselle), de la Comédie française — 1847 — et
MARS (Georgina) fille de Mademoiselle Mars — 1828 — (8, 3ᵉ sect.).

ÉPITAPHE :
Vertus, grâces, talents, tout dort sous cette pierre ;
O vous qui visitez cet asile de pleurs,
Sur son tombeau jetez des fleurs,
Gardez vos larmes pour la mère.

MARTIN (Jean-Blaise), chanteur de l'Opéra-Comique, professeur au Conservatoire — 1837 — (11).

MAUDUIT (Antoine-Remy), géomètre, professeur au Collége de France — 1815 — et

MAUDUIT (Antoine-François), archéologue, architecte de l'empereur Alexandre (11).

MÉHUL (Etienne-Henri), compositeur de musique, membre de l'Académie de musique — 1817. — *Joseph*, *Le Chant du départ*, etc. Petite colonne (13).

MENTELLE (Edme), géographe, membre de l'Institut. — 1815 — (11).

MERCIER (Louis-Sébastien), littérateur, membre de l'Institut — 1814. — *Tableau de Paris*. Petite pyramide (11).

MESSIER (Charles), astronome de la marine, membre de l'Institut — 1817 — (11).

MICHEL (Lévy), docteur en médecine, directeur du Val-de-Grâce — 1872. — *Cimetière israélite.*

MICHEL (Lévy), éditeur, fondateur de la maison Calmann et Michel Lévy, créateur de publications périodiques — 1874 — *Cimetière israélite.*

MILANOLLO (Maria), violoniste — 1858 — (11).

MOUTON [A]. Bas-relief (4, 2e sect.).

MURRAY (John), lieutenant-général anglais — 1824 — (7).

N

NAVAILLES (comtesse de Girardin de). Buste [A] (8).

NICOLO (ISOUARD Nicolo d't), compositeur de musique — 1818. — *Joconde, Jeannot et Colin, Le Califc de Bagdad* (12).

NEUFCHATEAU (François de), ancien ministre, membre de l'Académie — 1828 — (11).

O

ODIOT [A]. Médaillon (4, 2ᵉ sect.).

P

PAER (Ferdinand), compositeur de musique, membre de l'Institut — 1839 — *Le Maître de chapelle* (13).

PANSERON (Auguste), compositeur de musique — 1859. — *Romances, Mélodies*, etc. (13).

PARNY (Évariste vicomte de), gracieux poète, inhumé au Père-Lachaise, le 5 décembre 1814. *La Guerre des dieux*. Colonne (11).

PARSEVAL DE GRANDMAISON (François-Auguste), poète, membre de l'Académie — 1834 — (11).

PERDONNET (Auguste), ingénieur civil, président de la Société des ingénieurs civils — 1867. — *Ouvrages sur les chemins de fer et sur la métallurgie* (4, 2ᵉ sect.). Statue et médaillon de Vital Dubay.

PÈRE-ÉTERNEL (tombe dite du), bas-relief représentant Dieu le père (10).

PÉRIER (Casimir), homme politique, orateur célèbre, ministre de la Justice sous le règne de Louis-Philippe I*er*. Monument élevé à la suite d'une souscription nationale, à laquelle ont pris part vingt-quatre mille souscripteurs ; il a coûté 58,639 fr. 50. La sculpture est de Cortot, les dessins de l'architecte Leclère. (*Rond-point.*) Inscription : « La ville de Paris pour consacrer la mémoire d'un deuil général, a donné à perpétuité la terre où repose un grand citoyen. »

PHILIPPON DE LA MADELAINE (Louis), littérateur — 1818. — *Vues patriotiques sur l'éducation du peuple* (13).

PLEYEL (Joseph), pianiste, apporta d'importantes modifications dans la construction des pianos — 1831 (13).

PONTEVÈS (l'abbé de), ancien aumônier de Louis XVI — 1811 — (9).

PRÉVOST (Louis-Constant), professeur de géologie, membre de l'Académie des sciences — 1856 — (11).

PRÉVOST (Pierre), peintre, créateur des Panoramas — 1823 — (11).

R

RACHEL (Rachel FÉLIX dite), célèbre tragédienne de la Comédie française — 1858. — *Cimetière israélite.*

RAVRIO (Antoine-André), poëte, fabricant de bronze. Un des bienfaiteurs de l'humanité. Il institua un prix de 3,000 fr. destiné à récompenser l'auteur de la découverte d'un remède aux maladies contractées par les doreurs, à la suite de leur contact quotidien avec le mercure. D'Arcet obtint ce prix — 1814. — *Mes Délassements,* poésies. Buste (10).

ÉPITAPHE :

Il descend dans la tombe en conjurant l'effet
D'un métal meurtrier, poison lent et funeste,
Son corps déjà n'est plus, mais sa vertu nous reste,
Et son dernier soupir est encore un bienfait.

Sur la face opposée du monument :

Un fils d'Anacréon a fini sa carrière,
Il est dans son tombeau pour jamais endormi,
Les enfants des beaux-arts sont privés de leur frère,
Les malheureux ont perdu leur ami.

REGNAUD DE SAINT-JEAN D'ANGELY (Michel-Louis, comte), homme politique, président du conseil d'État — 1819 — (11).

ÉPITAPHE :

Français, de son dernier soupir
Il a salué la Patrie.
Le même jour a vu finir :
Ses maux, son exil et sa vie.

REICHA (Antoine), compositeur de musique, membre de l'Institut — 1836. — *Cagliostro*, *Sapho*, *Traités de musique et d'harmonie*. Bas-relief par Molsmeht (7).

ROBERTSON (Étienne-Gaspard), physicien, aéronaute — 1839. — Monument d'un aspect grandiose. Bas-reliefs (8).

ROBLÈS [A]. Tête en bas-relief représentant *le Silence*, par Préault. *Cimetière israélite*.

ROTHSCHILD (baron James de), banquier. La famille du baron fit distribuer, le jour de ses obsèques, 1,500,000 francs à quinze mille familles pauvres — 1868. — *Cimetière israélite*.

ROYER-COLLARD (Antoine-Athanase), docteur-médecin, directeur de la maison d'aliénés de Charenton, professeur de médecine légale à la Faculté de Paris, médecin de Louis XVIII — 1821 — (9).

S

SABATIER (Raphaël-Bienvenu), professeur à l'École de médecine, chirurgien en chef des Invalides, membre de l'Institut — 1811 — (11).

SAINT-LAMBERT (Jean-François), membre de l'Académie, poète — 1803. — *Les Saisons* (11).

SAUVETEURS (monument élevé aux), par Guérin (de Tencin), Laurent-Joseph, président et fondateur de la Société des Sauveteurs (13).

AUX SAUVETEURS :

Laborde (colonel).
D'Houdetot.
Duregu (Henry).
Desbans.
Fiquoy.
Lefebvre.
Conseil (capitaine).
Guidé.
Herman.
Paunier.
Degron.
Coutard.

Fessard.
Henri frères.
Dacheux.
Paillette.
Ferrant.
Bruno.
Magné.
Mulard.
Sion.
Neutz.
Huret.

SCHNEIDER (Eugène), député, directeur des forges du Creuzot — 1845 — (13).

SIEYÈS (Joseph-Barthélemy), membre de l'Assemblée constituante, conseiller à la Cour de cassation. — 1830 — (0).

SINGER [A]. *Cimetière israélite.*

SCHLOSS [A]. *Cimetière israélite.*

SOLIVA (Charles), compositeur de musique, directeur du Conservatoire de Varsovie — 1853. — *La Testa di bronza, Elena e Malvina*, grands opéras (13).

SUARD (Jean-Baptiste), homme de lettres — 1817.
— Mélanges de littérature (11).

« Il attend son ami ! »

T

TALMA (François-Joseph), célèbre tragédien de la Comédie française, débuta en 1787 — 1826 — (12).

TARDIEU (Pierre), graveur, membre de l'Institut — 1844 — (2, 1re sect.)

TARGET (Gui-Jean-Baptiste), homme politique, orateur, jurisconsulte — 1806 — (11).

THOUIN (André), professeur de culture au Jardin du Roi, membre de l'Institut — 1824 — (11).

V

VANDAEL (Jean-François), peintre de fleurs — 1840 — (11).

VANSPAENDONCK (Gérard), Hollandais, peintre de fleurs, membre de l'Institut — 1822 — (1').

VERMEIL (François-Michel), doyen de la Cour de cassation, collaborateur au Code civil — 1810 — (11).

VINCENT (François), peintre d'histoire, membre de l'Institut — 1810 — (11).

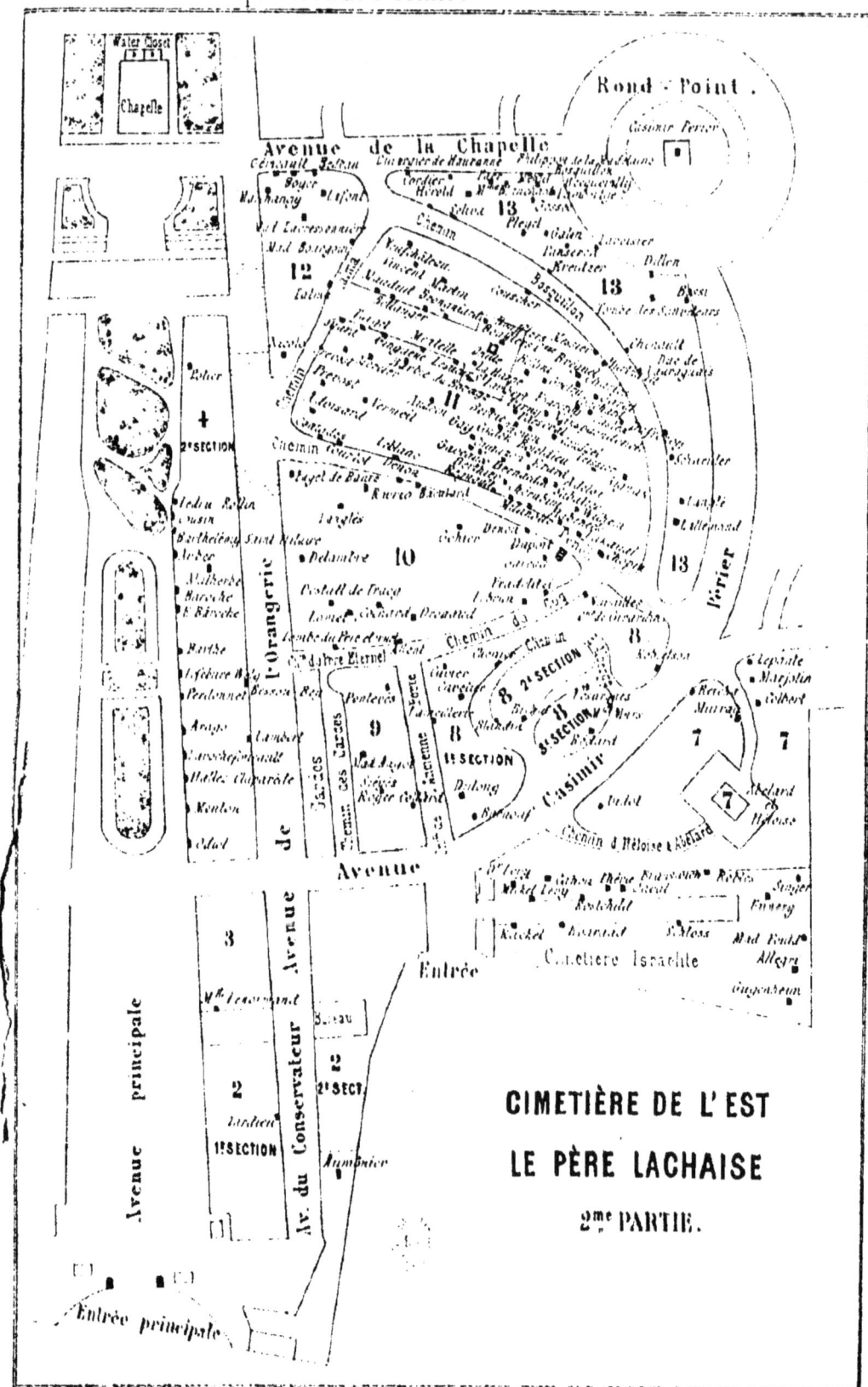

W

WILHEM (Guillaume-Louis Bocquillon, dit), compositeur de musique, fondateur des écoles de chant populaires — 1842. — Médaillon de David (11).

Vers de Béranger inscrits sur la tombe :

> Des classes qu'à peine on éclaire,
> Relevant les mœurs et les goûts,
> Par toi devenu populaire,
> L'Art va leur faire un ciel plus doux.
> Sur ta tombe, tu peux m'en croire,
> Ceux dont tu charmes les douleurs
> Offriront un jour à ta gloire
> Des chants, des larmes et des fleurs.

TROISIÈME PARTIE

Avenues : Casimir-Périer, des Acacias, Circulaire.
Divisions : 5, 6, 14, 15, 16, 18, 30, 32, 34, 37, 73, 74, 75.

A

ANDRÉ (Antoine-Joseph-Maurice d'), président de la première Assemblée constituante. — 1860 — (31).

AMUSSAT (Jean-Zuléma), docteur en médecine, membre de l'Académie de médecine. — 1856 — Médaillon (15).

ANTIGNY (Blanche d') artiste dramatique. — 1874 — (30).

ARCET (Jean-Pierre-Joseph d'), inventeur du métal qui porte son nom. Gagna le prix fondé par Ravrio pour récompenser l'auteur du meilleur mémoire sur le remède le plus efficace pour combattre les maladies contractées par les ouvriers qui manipulent le mercure. — 1844 — Buste (34).

B

BAIL. [A] Statue (16).

BARROT (Odilon), homme d'État, orateur. Président du conseil des ministres sous Louis-Philippe Ier, membre de l'Institut. — 1873 — *De la Centralisation et de ses effets* (36).

BENECH. [A] Docteur. — 1854 — (15).

BEUGNOT (Jacques-Claude), ancien ministre, pair de France. — 1835 — (15).

BIGOT DE PRÉAMENEU (Félix-Julien-Jean, comte de), jurisconsulte, président de chambre au conseil d'État, député. — 1825 — Prit part à la rédaction du Code civil (14).

BIRÉ. [A] Voir dans la chapelle un beau bas-relief représentant *le Christ vainqueur de la Mort*, par Duseigneur. M. Rougevin est l'architecte de ce monument (36).

BOISSEL (J.-M.-H), représentant du peuple en 1848, député de la Seine. — 1861 — Buste de Janson (14).

BOURBON-CONTI (princesse Stéphanie de) — 1825 — Pyramide (16). Elle avait fait édifier sa tombe de son vivant:

« Pour y trouver le bonheur durable et un refuge où l'injustice et les persécutions que l'on éprouve sur la terre ne puissent plus l'atteindre. »

La princesse de Bourbon-Conti était la fille naturelle du prince de Conti et d'une grande dame, dont on a cru trouver le nom dans l'anagramme du titre de noblesse (comtesse de Mont-Cair-Zaïm) octroyé à la princesse de Conti. Cet anagramme réunit les noms de Conti et de Mazarin.

BOYER (François-Xavier, baron), général — 1831 — (36).

BRUIX (Eustache de), amiral, conseiller d'État, ancien ministre. — 1803 — (36).

BUROW, [A] général anglais (36).

C

CHAPPUIS (François-Claude), général. — 1832 — Buste par Dieudonné (34).

CLARKE (Henri), duc de Feltre, comte d'Unebourg, maréchal de France, ministre de la guerre. — 1808 — *Ulm, Iéna*, etc. (17).

COQUEREL (Athanase), pasteur protestant, président du Consistoire. — 1868 — (36) et

COQUEREL (Athanase-Josué), pasteur. — 1875.

COUCHERY (Victor), statuaire. — 1855 — Médaillon par Faillot (16).

D

DAMPMARTIN (Anne-Henry, vicomte de), général. — 1828 — (14).

DELVINCOURT (Claude-Étienne), professeur de droit à la Faculté de Paris. — 1831 — (14).

DESBASSAYNS (baron). Statue par Ricci de Florence [A] (6).

DESMICHELS (baron Louis), général. — 1845 — (14).

DESSEILLIGNY (Jules-Pierrot), proviseur du collége Louis-le-Grand. — 1845 — Monument élevé par les élèves (16).

DOMON (Jean-Siméon), général. — 1830 — *Campagnes sous le premier empire* (16).

DUMONT (Aristide-Laurent), statuaire. Membre de l'Institut, secrétaire perpétuel de l'Académie des beaux-arts. — 1853 — (6).

DUPONCHEL (Henri), architecte, directeur du Grand-Opéra. — 1858 — (16).

DURAND-BRAGER (Jean-Baptiste-Henri), peintre de marines. Sépulture de famille (31).

E

ESTERHAZY (Louis-Joseph-Ferdinand WALZIN) général. — 1857 — (16).

F

FLEURY DE CHABOULON (Pierre-Alexandre), secrétaire intime de Napoléon Ier. — 1835 — (36).

ÉPITAPHE :
Il était plein de feu et de mérite.
(*Napoléon à Sainte-Hélène.*)

FONTANES (Louis, marquis de), poète, membre de l'Institut, président du Corps législatif, grand maître de l'Académie, sénateur, membre de l'Académie, ministre d'État, membre du Conseil privé. — 1821 — (17).

FOULON (Jean-Jacques, baron de Doué), général. — 1839 — (16).

FRESNEL (Augustin-Jean), physicien, membre de l'Institut. — 1820 — Appliqua aux phares le système des lentilles en cristal (14).

FURNE (Charles), éditeur de très-belles publications. — 1859 — (6).

G

GAMBEY (Henri-Prudence), ingénieur mécanicien, membre de l'Institut. — 1847 — (15).

H

HERSENT (Louis), peintre, membre de l'Institut, professeur à l'École des beaux-arts. — 1860 — Mausolée très-remarquable au point de vue de l'art. On y voit les portraits d'Hersent et de sa femme. Deux bas-reliefs par Lano, représentent les principales œuvres du célèbre peintre : *Las-Cases soigné par les sauvages* et *Ruth et Booz*. Destailleur, architecte. (32)

HOCHE (veuve du général) (16).

L

LABEDOYÈRE (Huchet de), général. Fusillé sous la Restauration pour avoir favorisé le retour de Napoléon Ier en France après son séjour à l'île d'Elbe.— 1815 — Bas-relief en marbre blanc (16). Dans la même tombe repose Madame de Labedoyère.

ÉPITAPHE :
Mon amour pour mon fils a pu seul me retenir à la vie.

LAROCHEFOUCAULT (Jules-Alexandre, comte de), duc d'Estissac, pair de France. — 1856, — et

LAROCHEFOUCAULT (Alexandre-François, comte de), ambassadeur, pair de France — 1841 — (14).

LATOUR (Joseph, baron), général. — 1833 — (14).

LAURISTON (Jacques-Alexandre), maréchal de France. — 1828 — (14).

LAVALETTE (Charmans, comte de), directeur général des Postes sous l'Empire et conseiller d'État. Condamné à mort après les Cents-Jours, il dut la vie au dévouement de sa femme. Madame de Lavalette alla le voir dans sa prison la veille du jour où il devait être exécuté, elle lui donna ses habits, à l'aide desquels il put sortir de son cachot sans être reconnu ; Madame Lavalette resta à sa place. M. de Lavalette gagna la Belgique, accompagné de trois officiers anglais.

Le bas-relief du mausolée rappelle la scène de la prison. — 1830 — (36).

LAYA (Léon), auteur dramatique. — 1833 — *L'Ami des lois*, etc. (15).

LEBRUN (Charles-François), duc de Plaisance, littérateur, jurisconsulte, membre de l'Assemblée constituante, troisième consul sous la République, membre du Conseil des Cinq-Cents, archi-trésorier de l'Empire, grand maître de l'Université, pair de France. — 1834 — Traduction d'*Homère*, de la *Jérusalem délivrée*, etc. (5).

LESSEPS (De). Sépulture de famille (6).

LESSEPS (Mathieu, comte de), consul de France à Tunis. — 1852.

M

MAISON (comte Joseph-Nicolas), maréchal de France, ancien ministre de la guerre, ambassadeur. — 1840 — *Campagne de Morée* (8). 6

MASSON. [A] Buste d'E.ex (32).

MERCŒUR (Élisa), poète. — 1835 — (17).

ÉPITAPHE :

Le Cimetière

Tranquillement ici dort une ombre isolée,
Cette humble croix l'indique, et vous passez hélas!
Un riche monument ne la renferme pas....

Ah ! celui qui n'est plus, quand un ami le pleure,
Ne peut avoir besoin d'une vaine demeure ;
Dort-on plus doucement sous un marbre orgueilleux ?
Un souvenir, des pleurs, voilà ses derniers vœux :
Et son ombre à la vie échappant consolée
Dans le cœur qui l'aima trouve son mausolée.
. . . .
. . . .
Mais soudain, quels accents dans le séjour du deuil ?
Ce sont des chants d'adieu consacrant un cercueil.
Toi que dans cet instant on vient rendre à la terre,
Peut-être enviais-tu la paix du cimetière ?
Ah ! tout est froid déjà, son cœur jadis brûlant
N'a pas même un soupir, un léger battement,
Peut-être aussi la mort, achevant ton délire,
Sur ta bouche entr'ouverte a glacé le sourire ?
Le bonheur est-il donc où le cherche l'erreur ?
Quand l'âme fuit la terre, en rejetant son ombre,
C'est une étoile unie à des flambeaux sans nombre,
Mais dans la nuit du monde en voilant sa clarté
C'est un pâle rayon perçant l'obscurité ;
La nuit bientôt s'écoule, et d'un réveil tranquille
L'homme jouit enfin dans ce dernier asile.
E. M.

Déjà de frais lauriers ombragent sa carrière.
Mais ces jours si brillants devaient trop tôt finir.
Plus beau que le talent qui nous la rendait chère
Ce trait comme ses vers vivra dans l'avenir ;
E'le *adorait, servait* et *nourrissait* sa mère.
Mme la comtesse d'HAUTPOUL.

Comme un enfant chéri pose moi sur le bord ;
Mon cœur ressemble au ciel quand il est sans nuage,
  Il n'a pas un remord.

Quand descendra sur moi l'ombre de la vallée,
Qu'on verse, en me nommant, sur ma tombe isolée,
   Quelques larmes du cœur.
Mais ces larmes, hélas ! qui viendra les répandre,
Et plaintif, tristement, imprimer sur ma cendre
   Le pas de la douleur ?

. . . .
. . . .

Mais le ruisseau demain rafraîchira les roses ;
Elles retrouveront son mobile miroir ;
Et moi, comme les fleurs qui s'effeuillent écloses,
La mort va me cacher sous les ailes du soir.
J'ai froid et je voudrais m'attacher à la vie ;
De ce cœur pour t'aimer ranimer la chaleur.
Tel après ses adieux, un tremblant voyageur
Jette un dernier regard vers la douce patrie.
      E. MERCŒUR (16 ans).

L'oubli c'est le néant, la gloire est l'autre vie ;
L'éternité sans borne appartient au génie.
      E. M. (17 ans).

Au livre du destin s'il essayait de lire
L'homme verrait à peine une heure pour sourire,
   Un siècle pour pleurer.
      E. M. (16 ans).

La Gloire et l'Indigence
(ODE)

. . . . Ici-bas le poëte
Chaque jour repoussé par la pitié muette
N'a jamais que de loin contemplé le bonheur ;
Et de gloire et d'oubli s'abreuvant tout ensemble,
Sans le trouver cherchant quelqu'un qui lui ressemble,
N'a pas un sein ami pour appuyer son cœur.

. . . .

. . . .
Du mortel indigent coupable de génie
C'est hélas ! au tombeau que le crime s'expie.
La pierre du cercueil est son premier autel.
Il existe, on l'insulte ; il expire, on le pleure ;
Il commence de vivre à cette dernière heure
Sous la main du trépas il devient immortel.
Aigle, si près des cieux dans ton vol arrêté
Réponds, toi qui le sais, combien coûte la gloire ?
     Combien s'achète un mot d'histoire ?
Combien as-tu payé ton immortalité ?
                 E. M. (19 ans).

MÉRIMÉE (François-Léonor), peintre d'histoire — 1836 — (14).

MERMET (Joseph, comte de), général. — 1837 — (30).

MONCALM (Madame de). (34) Buste dans la Chapelle.

MONOT (Jean), président du Consistoire de l'Église réformée. — 1826 — (36).

MOUNIER (Jean-Joseph), homme politique. Membre de l'Assemblée constituante. — 1806 — (32).

N

NÉLATON (Auguste), chirurgien, professeur à l'École de médecine, membre de l'Institut, sénateur. — 1873 — Chapelle. Médaillon (0).

P

PANCKOUKE (André-Joseph), éditeur de *l'Encyclopédie méthodique*, fondateur du *Moniteur*, traducteur du Tasse et de l'Arioste. Éditeur des œuvres de Voltaire. — 1798 — (31).

PARENT DU CHATELET (Alexandre), docteur en médecine. — 1836 — (17).

PIHET (Eugène), président de la Société d'encouragement. — 1868 — Médaillon par Lequien (14).

POISSON (Louis-Pierre), docteur en médecine, membre de l'Académie de médecine. — 1840 — (16).

PORTES (René-François-Adolphe de), pair de France, sénateur. — 1853 — (15).

PUIBUSQUE (Jacques, vicomte de), général. — 1808 — *Campagnes de Crimée, d'Italie* (14).

R

ROGER DE BEAUVOIR (Eugène-Augustin-Nicolas), homme de lettres, auteur dramatique, littérateur, poète. — 1866.

ÉPITAPHE :
Resurgam ! (Je ressusciterai !)

— *Aventurières et Courtisanes, Colombes et Couleuvres, les Enfers de Paris* (32).

et EUGÉNIE DE BEAUVOIR, sa fille.

INSCRIPTION :
Dans ce dernier lit tu reposes,
Chère martyre, ange du ciel,
D'autres auront connu les roses,
Tu n'as connu, toi, que le fiel ;
Des méchants la mort te délivre,
Dans sa splendeur Dieu te reçoit ;
Tu ne meurs pas, tu vas revivre,
Pour tout le bonheur qu'il te doit.

ROGER DE BEAUVOIR.

ROUSSELIN (famille). [A] Tombe surmontée d'une statue de la Vierge (32).

RUFFO (Fabrizio), prince de Castelcicala, ambassadeur de Sicile. — 1821 — (34).

S

SCHIKLER. [A] (37).

SERRÉ (Louis). [A] (14).

T

TALLEYRAND-PÉRIGORD (Charles-Maurice de), prince de Bénévent, homme d'État, député aux États-Généraux, ensuite président. Célébra la messe pour la grande fête de la Fédération. Membre du Directoire du département de la Seine, ministre des affaires étrangères, grand chambellan de l'Empire.

Dicta l'acte de déchéance de l'Empereur. Ambassadeur en Angleterre sous Louis-Philippe, membre de l'Académie française. — 1838 — Dalle en marbre, presque à niveau du sol (31).

V

VALLON DE VILLENEUVE (Julien), peintre. — 1866 — Médaillon par Meusnier (31).

VICTIMES DE JUIN. Monument élevé par la ville de Paris aux Gardes nationaux tués pour la défense de l'ordre pendant l'insurrection de Juin 1832 (6).

VICTOR (Victor PERRIN, dit) duc de Bellune, maréchal de France. Ministre de la guerre en 1821. — 1841 — *Siége de Toulon, campagnes d'Italie, d'Allemagne, de Russie, d'Espagne, de France.* (17).

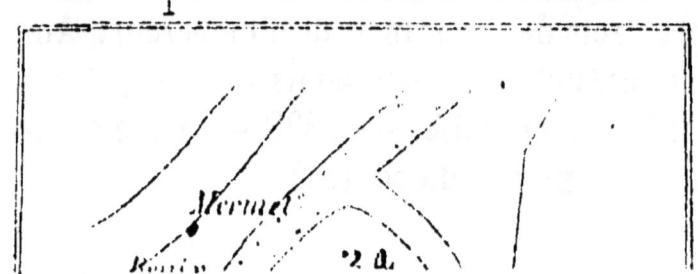

CIMETIÈRE DE L'EST - LE PÈRE LACHAISE

3ᵐᵉ PARTIE.

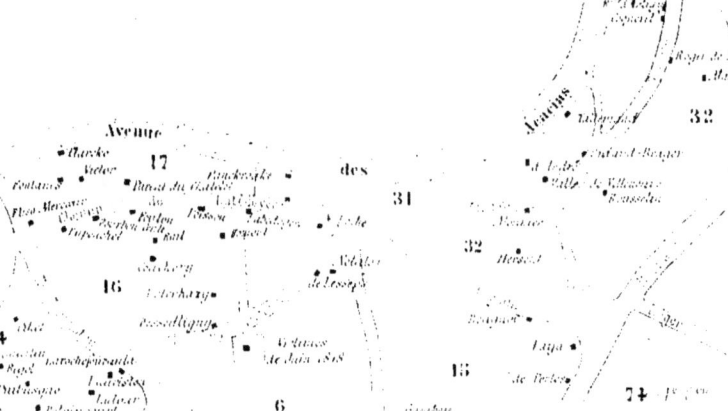

QUATRIEME PARTIE

Avenues : De la Chapelle, des Acacias, des Maronniers, Saint-Maurice.

Divisions : 18, 19, 20, 21, 22, 23, 24, 25, 26, 27, 28, 29, 30, 35, 37, 38, 39, 40, 41, 42, 43, 44, 45, 50, 51, 55, 91.

A

ABBÉ (Louis-Philippe, comte de Saint-Albin), — 1829 — et

ABBÉ (Louis-Étienne, comte de Saint-Farre), — 1825 — Chevaliers de l'ordre de Saint-Jean de Jérusalem, fils naturels de S. A. R. Mgr Louis-Philippe duc d'Orléans. Pyramides jumelles. Écusson fleurdelisé (28).

ABOVILLE (Augustin-Gabriel, baron d'), général, pair de France. — 1843 — Nommé sur le champ de bataille de Wagram, s'est illustré en 1814 dans la défense de Paris où il commandait l'artillerie (25).

ADANSON (Michel), naturaliste. — 1806 — *Histoire naturelle du Sénégal* (23).

AGUADO (Alexandre-Marie, marquis de Las Marismas), ancien colonel, banquier, protecteur des artistes. — 1842 — Monument orné de belles statues : *l'Art* et *la Bienfaisance* (45).

ALLAN· ARDEC (H.-L.-D. Rivail, dit), ancien chef d'institution, fondateur de la philosophie spirite. — 1869 — *Ouvrages sur le Spiritisme*. Buste de Capellaro (44).

/ LTON (Alexandre, comte d'), général. — 1845 — (25).

ANDRIEUX (François-Guillaume), poëte, littérateur, membre de l'Académie, professeur au Collége de France. — 1833 — (18).

AUDIFFRET. Sépulture de famille (42).

AUGUSTIN (Jean-Baptiste), peintre miniaturiste. — 1832 — Son portrait peint par lui-même est au Louvre, collection Sauvageot (27). Médaillon par David.

AUMONT (duchesse de Mazarin). [A] (51).

B

BARRAGUAY (Thomas - Pierre), architecte du Luxembourg. — 1820 — *Restauration de l'Odéon*. Médaillon (29).

BARRAS (Paul-Jean-François-Nicolas, comte de), homme politique, membre de la Convention, membre du Directoire exécutif, orateur. Délégué au siége de Toulon. — 1829 — (28).

BARRAULT (Émile), représentant du peuple en 1848. — 1869 — Buste de Lebourg (28).

BARON-DESFONTAINES (Louis). — 1822 — (22).

INSCRIPTION :

« Néant des choses humaine. Louis Baron-Desfontaines, ancien conseiller au Châtelet de Paris et ancien propriétaire du vaste domaine du Père-Lachaise, où il passa sa jeunesse, n'occupe, dans ce même lieu, que la place de sa tombe. »

BASCLE (Le), marquis d'Argenteuil, fondateur de prix pour la médecine et l'industrie. — 1854 — (50).

BATAILHE DE FRANCES-MONTVAL. [A] (51).

BAYARD (Jean), auteur dramatique. — 1852 — *Le Gamin de Paris, Le Mari de la dame de chœurs* etc. (23).

BEAUHARNOIS (comtesse Augustine), chanoinesse de Bavière. — 1831 — (39).

BEAUMARCHAIS (Pierre-Auguste CARON de), auteur dramatique. — 1799 — *Le Barbier de Séville, le Mariage de Figaro* (28).

BÉCLARD (Pierre-Augustin), chirurgien-anatomiste, membre de l'Institut, professeur à la Faculté. — 1825 — *Éléments d'anatomie générale* (18).

BELLARD (Nicolas-François), procureur général. — 1826 — (23).

BELLIARD (Augustin-Daniel, comte), général, pair de France. — 1832 — A fait toutes les campagnes de la Révolution et de l'Empire, fut gouverneur du Caire, de Madrid, de Bruxelles ; eut dix chevaux tués sous lui (35).

BÉRANGER (Pierre-Jean de), chansonnier populaire et politique. — 1857 — Repose dans la tombe de Manuel (28).

INSCRIPTION :

« Je désire être inhumé dans le tombeau de mon ami Manuel. »

BERNARD (Claude), médecin, physiologiste, professeur à l'École de médecine, membre de l'Académie des sciences. — 1878 — (20).

BERNHART (Sarah). Sépulture de famillle (44).

BERNIER (Claude-Louis), architecte, inspecteur des bâtiments du Louvre. — 1830 — (28).

BERTHÉMY (Pierre-Augustin), général. — 1855 — Engagé volontaire, a conquis tous ses grades sur le champ de bataille (28).

BÉTHISY (Richard, marquis de), pair de France. — 1830. — (28).

BEURNONVILLE (Pierre de RUEL, marquis de), général, ministre de la Guerre, pair de France, sénateur. — 1821 — (39).

BIBESCO (Marie) [A]. Très-beau monument (28).

BINET DE MARCOGNET (baron), général. — 1854 — (28).

BLANC (Louis). Sépulture de famille, dans laquelle repose madame BLANC (Christine). — 1876 — (50).

BLANQUI (Jérôme-Albert), membre de l'Académie des sciences ; célèbre économiste. — 1854 — *Histoire de l'Économie politique en Europe*, etc. (51)

BŒRNE (Ludwig), poète allemand. — 1837 — Médaillon et bas-relief de David (19).

BOISSY-D'ANGLAS (François-Antoine), littérateur, député aux États-Généraux, à la Convention, membre du Comité de Salut public et président du Conseil des Cinq-Cents, membre de l'Académie des inscriptions et belles-lettres, pair de France — 1826 — (28).

BOODE [A] (30).

BOSIO (François-Joseph, baron), statuaire. — 1845 — *Monument expiatoire de Louis XVI.* Tombe en marbre sans ornements (45).

BOURGEOIS (E.-G.), maire du Ve arrondissement de Paris. — 1834 — Buste (21).

BOURGON (François De), général. — 1874 — (28).

BOURKE (Edmond, comte), ambassadeur de Danemark, littérateur. — 1821 — *Notice sur les ruines de Naples*. Bas-relief de David (39).

BRAYER (Michel-Silvestre, comte), général, légataire de Napoléon Ier. — 1840 — (28).

BRILLAT-SAVARIN (Jean-Anthelme), membre de l'Assemblée constituante, à la première Révolution. Magistrat et littérateur — 1826 — *Physiologie du goût* (28).

BRION (Hippolyte-Isidore), statuaire. — 1845 — Buste et bas-relief. (39).

BRUAT (Armand-Joseph), amiral. — 1855 — Statue et médaillon (27).

BRUGES (Vicomte Alphonse de), général — 1820 — (43).

BUACHE (Jean-Nicolas), géographe, membre de l'Académie des Sciences. — 1825 — *Traité de géographie élémentaire* (21).

BURTHE (André), général. — 1834 — (28).

C

CADET-GASSICOURT (Charles-Louis), avocat, chimiste, littérateur, homme politique. — 1821 — (39).

CAMBACÉRÈS (Jean-Jacques-Régis), homme politique, jurisconsulte, président du Comité de Salut public, membre du Conseil des Cinq-Cents, membre de l'Institut et de l'Académie française, archi-chancelier de l'Empire. Député, ministre de la justice. — 1824 — Rédigea le premier projet du *Code civil* (39).

CARON (baron), général d'artillerie (29).

CARVAJAL (prince d'ARACENA), grand d'Espagne de 1re classe. — 1823 — (38).

CASARIERA (marquis de) [A] (14). En regardant par l'ouverture pratiquée à la porte du caveau, on aperçoit la tombe du marquis sur laquelle est couchée sa statue en marbre blanc.

CASTELBRANCO (princesse de). — 1829 — (24).

CAULAINCOURT (De), duc de Vicence, diplomate. — 1827 — (30).

CEBALLOS (Jean-Baptiste), président de la République mexicaine. — 1859 — (44).

CERCOU [A] (22).

CHAGOT (Jean-François), ancien propriétaire des fonderies du Creuzot. Très-joli monument en fer de fonte (41).

CHAMPOLLION (Jean-François) dit le JEUNE, orientaliste et antiquaire. — 1832 — *Mémoire sur les hiéroglyphes* (18).

CHAPPE (Jean-Urbain), inventeur du télégraphe à bras mobiles. — 1829 — Le tombeau, formé de blocs de rochers, est surmonté du télégraphe ancien système, inventé par Chappe (30).

CHAPTAL (Jean-Antoine), chimiste, membre de l'Institut, ministre de l'Intérieur. — 1832 — (35).

CHILLY (Charles-Marie de), artiste dramatique, ancien directeur de l'Odéon. — 1872 — (55).

ÉPITAPHE :
« Talent et probité fut sa devise. »

CHOISEUL (Claude de), maréchal de France. — 1711 — Transféré de l'église des religieux de Picpus où son cercueil fut découvert en 1860 (50).

CISSEY et RIGODIT (De). Sépulture de famille (21).

CLARY (François, comte), sénateur, beau-frère de Joseph Bonaparte et du roi de Suède. — 1823 — (24).

CLAIRON DE LATUDE (Claire-Joseph-Hippolyte LA GRIS), artiste de la Comédie française (20).

ÉPITAPHE :
« Elle retraça avec autant de vérité que de modestie les règles de l'art dramatique dont elle sera à jamais le modèle. »

Elle apporta la première des réformes aux costumes du théâtre. Mademoiselle Clairon avait été inhumée au cimetière de Vaugirard.

COMPANS [A]. Joli bas-relief sculpté sur un vase (38).

CONSTANT (Benjamin), homme politique, littérateur. — 1830 — Tribun après le 18 brumaire, député sous la Restauration, président du conseil d'État en 1830. *Adolphe*, roman-autobiographie de Constant (29).

CORMENIN (M.-J. de la HAYE de), général. — 1821 — et ENNERY (Jacques-Nicolas, comte), pair de France. — 1839 — (40).

ORNEMUSE (Louis), général. — 1853 — (27).

COROT (Jean-Baptiste-Camille), peintre de paysages. — 1875 — (24).

CORSSE-LABENETTE (Jean-Baptiste), célèbre comique. Fit fureur dans le rôle de *Madame Angot au Sérail*. — 1815 — Buste (20).

COTTIN (Sophie RISTAUD, connue sous le nom de Madame), romancière. — 1807 — *Mathilde*, etc. (39).

COUDER (Nicolas-Charles), peintre d'histoire. — 1873 — *Adoration des Mages, Serment du Jeu de Paume* (27).

CROIZETTE. Sépulture de famille (44).

CRUSSOL D'UZÈS (Bailli de), général, pair de France. — 1815 — Bas-reliefs allégoriques (18).

D

DABBADIE (Léon-Noël-Denis), général du génie. — 1820 — Pyramide (35).

DACIER (Bon-Joseph, baron), littérateur, secrétaire perpétuel de l'Académie. — 1833 — *Rapport sur les Progrès de l'histoire et de la littérature ancienne depuis 1789* (29).

DALMATIE (duchesse de) [A] (35).

DAMAS (Alexandre-Martial), de la Comédie française. — 1834 — (20).

DAMESME (Louis-Emmanuel-Aimé), architecte. — 1822 — (28).

DARJOU (Jean) [A], officier de l'Université. — 1845 — Médaillon de Mérande (27).

DAUNOU (Pierre-Claude), membre de l'Institut, secrétaire perpétuel de l'Académie des inscriptions et belles-lettres. — 1840 — Médaillon de David (28).

DAVID D'ANGERS (Pierre-Jean), statuaire, membre de l'Institut. — 1856 — Tombeau d'un style sévère (39).

DAVOUT (Louis Nicolas), duc d'Auerstaëd et prince d'Elkmülh, maréchal et pair de France, ministre de la Guerre — 1823 — (28). Armées du Rhin, d'Égypte, de la Loire; batailles d'Aboukir, Ulm, Austerlitz, Iéna, Eylau, Friedland, Elkmülh, Wagram, La Moskowa.

DECRÈS (Denis, duc), amiral, ministre de la Guerre — 1821. — Description des bas-reliefs qui décorent le mausolée :

Decrès, simple garde du pavillon en 1782, porte, sous le feu des canons ennemis, un câble qui doit servir à remorquer le vaisseau le *Glorieux* désappareillé pendant le combat.

Bloqué le 30 mars 1800, Decrès saute avec le *Guillaume-Tell*, vaisseau sur lequel il se trouvait.

Decrès est mort victime d'un assassinat commis sur sa personne par Tasca, son valet de chambre (39).

DELANNEAU (Victor), fondateur du collége de Sainte-Barbe. — 1830 — Buste (39).

DEMIDOFF (comtesse Marie). Monument splendide de la terrasse duquel on voit le panorama de Paris (19).

DENTU. Sépulture de famille du célèbre éditeur, dans laquelle est inhumé :

DENTU (Gabriel-André), imprimeur libraire — 1849 — (39)

DESAUGIERS (Marc-Antoine), chansonnier-vaudevilliste — 1827. — Médaillon (22).

DESBUREAUX (baron Charles-François), général — 1835 — (38).

DESNOYERS (Louis), homme de lettres, fondateur de la Société des gens de lettres — 1869. — Médaillon — (55).

DESOLLE (marquis de), général, pair de France — 1828 — (28).

DOSNE et THIERS, v. Thiers (30).

DRAGON (tombe du), cénotaphe élevé par sa mère à la mémoire de Guillaume LAGRANGE, dragon, mort en Pologne (29).

Le fait qui a rendu cette tombe légendaire est gravé sur la face du monument opposée à l'épitaphe.

« Lagrange s'était signalé à Austerlitz, Iéna, Erfurth et Spandau, il trouva la mort dans les déserts de la Pologne. Ce fut à l'entrée d'un village, dans un passage dangereux. — Qui veut passer le premier ? — C'est moi !... s'écrie-t-il. Aussitôt il s'élance, une balle le frappe au cœur. Ses dernières paroles furent : « Ma mère ! ma pauvre mère ! »

DUBUFFE (Claude-Marie), peintre — 1864. (23).

DUCHESNOIS (Catherine-Joséphine RAVIN, dite Mademoiselle), de la Comédie-Française — 1835. — Bas-relief de Lemaire (30).

DU LOCLE-DUCOMMUN (Daniel-Henri), Sépulture de famille — Buste. — (39).

DULONG (François-Charles), député — 1834. — Tué en duel par le maréchal Bugeaud, alors colonel. — (29).

DUMOULIN (Evariste), publiciste, un des fondateurs du *Constitutionnel* — 1833. — (39).

DUPATY (Louis-Marie), statuaire, membre de l'Institut — 1825. — Médaillon (27).

DU PUY (comte André-Julien), pair de France, gouverneur des établissements français dans l'Inde 1832. — (35).

DUPUYTREN (Guillaume), chirurgien, célèbre anatomiste; offrit à Charles X, partant pour l'exil, un million que le roi refusa — 1835. — *Création d'une chaire d'anatomie et du musée Dupuytren*. — (37).

DURET (Francisque), statuaire. 1865. — Bas-relief et médaillon. *Christ* à la Madeleine, *Fontaine St-Michel, la Loi* au Palais de Justice, etc. — (19).

DUROSNEL (comte), général, aide de camp de Napoléon Ier — 1849 — (29).

DUVILLARD (Emmanuel-Henri), député, membre assistant de l'Institut — 1810 — (39).

8.

E

ENNERY, voir CORMENIN.

ENFANTIN (Barthélemy-Prosper, dit le Père), ancien élève de l'école polytechnique, directeur de la Caisse hypothécaire, chef de l'école de Saint-Simon — 1864. — Buste par Millet. (39) — *Doctrine de Saint-Simon.*

ÉTIENNE (Pierre-Henri), jurisconsulte, conseiller à la Cour des comptes — 1861. — (26).

F

FABRE DE L'AUDE (Jean-Pierre, comte), pair de France. Présida la séance extraordinaire du 10 floréal an XII, dans laquelle fut émis le vœu du rétablissement de l'Empire. — 1832 — (39).

FAUCHER (Léon), homme politique, ministre de l'Intérieur sous le règne de Napoléon III — 1854. — (26).

FORESTIER [A.]. Statue de Toussaint. — (43).

FOURIER (Jean-Baptiste-Joseph, baron), ancien préfet, physicien et mathématicien, secrétaire perpétuel de l'Académie — 1830 — Buste. — (18).

FOY (Maximilien), patriote français, général, orateur politique. Blessé à Waterloo. Paris lui fit des funérailles splendides. — Le monument, dont l'architecte est Vaudoyer et le sculpteur David, a été élevé avec le produit d'une souscription nationale. — 1825. — (28).

INSCRIPTION :

« Au général Foy, ses concitoyens. »

FRÈRE (comte Georges), général — 1826 — (38).

FRÈRE (Nicole-Françoise-Judith). — 1837 — Chantée par Béranger sous le nom de LISETTE (28).
On lit sur sa tombe :

Fidèle amie de Béranger.

et ces vers du poète populaire :

Près de la beauté que j'adore
Je me croyais égal aux Dieux.
Lorsqu'au bruit de l'airain sonore,
Le Temps apparut à nos yeux.
Faible comme une tourterelle,
Qui craint la serre des vautours :
— Ah ! par pitié, dit ma belle,
Vieillard, épargnez nos amours.

———

Levez les yeux vers le monde invisible
Où pour toujours nous nous réunissons.

FROCHOT (Nicolas), préfet de la Seine. — 1828 — Fit l'acquisition, pour le compte de la ville de Paris, des terrains du Père-Lachaise (37). Bas-reliefs par Raggi.

G

GALL (François-Joseph), médecin, créateur de la Phrénologie. — 1829 — Buste sur lequel est retracé le système de Gall (18).

GARCIA (Manuel del Popolo Vicente), chanteur, compositeur, professeur de Mmes Malibran, Viardot, de Nourrit, etc. — 1832 — (25).

GARNIER (Germain, marquis de) homme politique, membre du Directoire, ministre d'État, membre du Conseil privé, pair de France. — 1821 — A gauche de Turpin. (39).

GARNIER-PAGÈS (Étienne-Joseph), orateur politique. — 1841 — Monument élevé avec le produit d'une souscription nationale et dû au talent de David. Il représente une tribune vide reposant sur un cercueil ; on lit, gravés sur la tribune, les titres des principaux discours prononcés par le célèbre orateur (19).

GAUDIN (Martin-Michel) duc de Gaëte, ministre des Finances sous Napoléon Ier. — 1841 — (27).

GAUTIER (l'abbé Éloïsius-Édouard-Camille), propagateur de l'enseignement mutuel en France. — 1818 — *Livres pour les enfants* (20).

GAY-LUSSAC (Joseph-Louis, baron de), chimiste

et physicien, membre de l'Académie, pair de France, — 1850 — *Baromètre à syphon, Alcoomètre*, etc. Médaillon (26).

GÉMOND (comtesse) [A]. Obélisque et médaillon (25).

GENLIS (Madame Félicité de), gouvernante des enfants de France. — 1830 — Médaillon de Sorret (24).

GEOFFROY-SAINT-HILAIRE (Étienne), naturaliste, professeur de géologie à la Faculté des sciences, membre de l'Institut et de l'Académie de médecine. — 1844 — Joli monument. Médaillon de David. *Histoire naturelle des mammifères* (19).

GÉRANDO (Joseph-Marie, baron de), économiste, membre de l'Institut, vice-président au conseil d'État, pair de France. — 1842 - (35).

GÉRARD (François-Joseph, baron), général. — 1832 — (38).

GIRARDIN (Stanislas), président de l'Assemblée législative à la première Révolution. Elu dans toutes les Assemblées jusqu'à sa mort, en 1827 (28).

GIRODET-TRIOSON (Anne-Louis), peintre d'histoire. — 1824 — *Scène du déluge*. Médaillon (28).

GOBERT (baron J.-N.), général, tué à Baylen. — 1808 — Statue équestre, groupe et bas-reliefs, représentant des épisodes de la vie du général, par David d'Angers. Ce monument a coûté 200,000 fr. (37).

GODDE (Joseph-Antonin), architecte. — 1841 — *Reprise en sous-œuvre des piliers de Saint-Germain-des-Prés, Restauration de cette église, Chapelle du Père-Lachaise*, etc. (27).

GODOY (Don Manuel), prince de la Paix, ancien ministre de Charles IV. — 1851 — Médaillon (44).

GOSSUIN (Constant-Joseph-César-Eugène), homme politique, administrateur, député à l'Assemblée législative, à la Convention, au conseil des Cinq-Cents, publiciste — 1827. — (28).

GOURGAUD (baron Gaspard), général) — 1852. — Accompagna Napoléon Ier à l'île de Sainte-Hélène — (23).

GOUTEAUX (Alexandre-Adrien), capitaine du génie, tué au siège d'Anvers. — 1832 — Mausolée simulant une tente de campement. — (35).

GOUVION-SAINT-CYR (Laurent), maréchal de France, ministre de la Guerre — 1830 — Statue de David. — (37).

GRAMMONT (duc de), prince de Bidache, général — 1855 — (41).

GREFULHE (A.). — (43).

GROS (baron Antoine-Jean), peintre d'histoire — 1835. — *Coupole du Panthéon;* au Louvre : *La peste de Jaffa, Les chevaux de Diomède.* — Se suicida en voyant son talent contesté — Buste. — (25).

GUDIN (comte Étienne), général, tué pendant la campagne de Russie — 1812. — Le cœur du général est seul inhumé dans le cénotaphe. — (40).

GUILLEMINOT (Amand-Charles), général — 1840. — (28).

H

HACHETTE (J.-N.-P.), professeur à l'école polytechnique, membre de l'Académie des sciences — 1834 — (18). — Pyramide. — (18).

HAMELIN (baron Jacques-Félix), contre-amiral — 1839. — (25).

HAXO (François-Nicolas), général, pair de France — 1838. — (28).

HIJAR (duchesse d'), Segnora de Silva y Stuart — 1829 — Colonne (24).

HOFFMANOWEY (Klémentynie) [A.]. Joli mausolée — (26).

HOUSTOU DE LA BILLARDIÈRE (Jacques-Julien), statuaire, membre de l'Académie de sculpture — 1834. — (35).

HUE (André-Marie, baron), ancien valet de chambre de LL. MM. Louis XVIII et Charles X, chef de bataillon d'État-Major, et

HUE (François), « *honoré des derniers souvenirs de Louis XVI* » — 1819. — (39). — *Dernières années du règne et de la vie de Louis XVI.*

HUGO. Sépulture de famille où reposent :

Hugo (Joseph-Léopold-Sigisbert comte), général. — 1828.

« Par lui Thionville resta Française. »

Hugo (comtesse Sophie). — 1821.

Hugo (vicomte Eugène). — 1836.

Hugo (Georges). — 1868.

Hugo (Charles), fils de notre grand poète, publiciste, littérateur. — 1871 — *La Tirelire de Thérèse, La Bohème dorée, Les Hommes de l'exil,* etc.

Hugo (François-Victor), publiciste, fils de Victor Hugo. — 1873 — (27).

I

ISABEY. Monument élevé par le frère du célèbre peintre.

ÉPITAPHE :
Ici repose mon meilleur ami, c'était mon frère !

ISABEY (Jean-Baptiste), peintre en miniature. — 1810 — (20).

INGRES (Jean-Baptiste), peintre d'histoire, membre de l'Institut, sénateur. — 1867 — *Apothéose d'Homère*, *La Source*, etc. Monument par Baltard, architecte; buste par Bonassieux (23).

J

JACOTIN (Pierre) colonel du génie, géographe, membre de l'Institut d'Égypte. — 1827 — (39).

JACQUES (Théodore-Joseph-Napoléon), statuaire. — 1876 — Bas-relief (27).

JAUBERT (Pierre-Amédée), orientaliste, membre de l'Institut, pair de France. — 1847 — (45).

JORDAN (Camille), membre du conseil des Cinq-Cents, député, conseiller d'État, orateur politique. — 1821 — Buste (39).

JORDAN (Wilhelmine) [A]. Magnifique vase en porphyre (27).

JUNOT (Andoche), duc d'Abrantès, général en chef. — 1813 — (24).

K

KELLERMANN (François-Christophe), duc de

Valmy, maréchal de France. — 1820 — Gagna la bataille de Valmy (18).

KELLERMANN (François-Étienne), général. — 1835 — Bas-relief (18).

L

LABORIE (Édouard), médecin en chef de l'asile de Vincennes, créé, par l'impératrice Eugénie, pour les ouvriers convalescents. — 1868 — (39).

LACAVE-LAPLAGNE (Jean-Pierre), homme politique, ministre des Finances. — 1849 — (27).

LAFFITTE (Jacques), banquier, homme politique, ministre des finances. — 1844 — (30).

LA FONTAINE (Jean de), poète et fabuliste. Ses cendres furent transférées du cimetière de l'église de Saint-Joseph, où elles reposaient depuis 1695, au cimetière du Père-Lachaise, le 21 mai 1804 (25).

LAGRENÉE (Jean-Jacques), peintre à la manufacture de Sèvres, membre de l'Académie de peinture. — 1821 — (25).

LAMBRETCHS (Charles-Joseph), homme politique, ministre de la Justice, sénateur. — 1823 — Rédigea les considérants de l'*Acte de déchéance de Napoléon Ier* (25).

LAMETH (Les trois frères). Deux d'entre eux

furent constituants. Sépulture formée de trois colonnes se détachant d'une unique base (28).

LANJUINAIS (Jean-Denis, comte de), constituant. Élu au Conseil des Anciens par 73 départements, pair de France, membre de l'Académie. — 1827 — (30).

LAPLACE (Pierre-Simon, marquis de), géomètre, membre de l'Académie et du Bureau des longitudes, ministre, pair de France. — 1827 — *Exposition du système des mondes, Mécanique céleste.* Pyramide (25).

LAPÉROUSE (Damas de), contre-amiral. — 1874 — Chapelle (45).

LAROMIGUIÈRE (Pierre), philosophe, membre du Tribunat, professeur à la Faculté des lettres, membre de l'Académie des sciences morales et politiques. — 1837 — (18).

LARREY (Dominique-Jean, baron), chirurgien en chef des armées. — 1848 — (37).

« C'est l'homme le plus vertueux que j'aie jamais connu. »
Testament de Napoléon Ier.

LASNE (E.), commissaire préposé à la garde de la tour du Temple (40). On lit sur sa tombe :

« Le 11 germinal an III (31 mars 1795) il a vu, malgré ses soins, s'achever, dans ses bras, la lente agonie de Louis XVII. Le 8 juin 1795. »

LATIER DE BAYANNE (Hubert), duc, cardinal, pair de France. — 1818 — (25).

LATREILLE (Pierre-André), professeur d'entomologie au Muséum. — 1832 — Buste (39).

LA TRÉMOILLE (Marie-Virginie, princesse de Tarente, duchesse de) (39).

LE BORGNE DE BOIGNE, membre du Conseil des Cinq-Cents, administrateur. — 1832 — (19).

LECZYNSKA (princesse) [A] (25).

LEFEBVRE (François-Joseph), duc de Dantzig, maréchal de France. — 1820 — Monument orné de faisceaux de drapeaux et de cuirasses. Le maréchal Lefebvre voulut être inhumé à côté de Masséna, son frère d'armes (28).

LEFEBVRE (Charles-Stanislas), général. — 1849 — (29).

LEFEBVRE (François-Gilbert), régent de la Banque de France, député de la Seine, président de la Chambre de commerce. — 1856 — (39).

LEFÈVRE-GINEAU (Louis), chevalier d'Auselle, physicien, député, membre de l'Institut. — 1829 — (28).

LELONG (Paul), architecte des domaines de l'État. — 1840 — (29).

LEMERCIER (Népomucène), littérateur. — 1840 — *Plaute, Christophe Colomb, Richelieu.* Médaillon (30).

LÉON-DUVAL. Sépulture de famille (35).

LEROY et MAILLAUD. Avant sépulture Mathagon [A]. Statue couchée de Cléopâtre (25).

LETOURNEUR (Pierre-Jean-Baptiste), général. — 1821 — (30).

LOBAU (MOUTON Georges, dit), maréchal de France, commandant la garde nationale de Paris. — 1838 — Dispersa un rassemblement qui menaçait de devenir séditieux en faisant jouer sur les émeutiers des pompes à incendie. Chapelle (29).

LOYSON (Charles), publiciste, membre de Conférences à l'École normale. — 1820 — (27).

LUTHER (Amédine LUPERGER, dite), de la Comédie française. — 1861 — Chapelle (24).

M

MACDONALD (Étienne-Jacques-Joseph-Alexandre), duc de Tarente, maréchal de France, pair de France, grand chancelier de la Légion-d'honneur. — 1840 — (37).

MAILLARD (Louis-Gaspard), géographe. — 1865

— bas-relief en bronze représentant l'île de la Réunion au cent cinquante millième (39).

MALET (Guillaume), banquier, régent de la Banque de France. — 1826 — (39).

MALET (femme du général). — 1822 — Statue de la Vierge (18).

MANUEL (Jacques-Antoine), représentant du peuple, orateur politique. — 1827 — Médaillon de Brun (28).

On lit sur le monument :

« Hier, j'ai annoncé que je ne céderais qu'à la force; aujourd'hui je viens tenir ma parole. »

MARRON (Paul-Henri), pasteur de l'église réformée de Paris. Homme très-charitable, il aimait à rendre service; il brûla, quelques jours avant sa mort, les reconnaissances de ses débiteurs. — 1832 — (39).

MARTIGNAC (Jean-Baptiste), avocat, représentant du peuple, ministre de l'Intérieur. — 1832 — Médaillon de De Bray (39).

MARTIN DU NORD (Nicolas-Ferdinand), homme politique, jurisconsulte, ministre de la Justice. — 1847 — (37).

MASSÉNA (André), duc de Rivoli, prince d'Essling, maréchal de France. — 1817 — Splendide monument sculpté par Bosio et Jacques. Dans la même tombe repose (28) :

REILLE (Honoré-Charles-Michel), maréchal de France. — 1860.

MAURICE (Louis-Joseph), peintre des impératrices Élisabeth et Catherine II de Russie. — 1820 — Médaillon (27).

MAZET (Louis), lieutenant aux volontaires de la Seine, mort pour la défense nationale. — 1871 — (20).

MÉLESVILLE (baron DUVEYRIFR) auteur dramatique. — 1835 — (35).

MERLIN DE THIONVILLE (Antoine-Christophe), membre de l'Assemblée législative, de la Convention et du Conseil des Cinq-Cents. *Défense de Mayence en 1793.* — 1833 — *Portrait de Robespierre,* brochure (29).

MEURICE (Paul). Sépulture de famille dans laquelle est inhumée Mme Paul Meurice. — 1876 — Médaillon de Préault (26).

MILCENT (Marie-Madeleine), épouse FOURNIER. Elle a porté dans son sein un enfant douze mois vivant et sept ans mort, ainsi que l'ont constaté après son décès les docteurs Du Bois et Bélivier, ses médecins, qui ont retiré cet enfant bien conformé et parfaitement conservé (20).

MIONNET (T.-T.), membre de l'Institut. — 1842 — (41).

MOLIÈRE (Jean-Baptiste Poquelin, dit), poète comique, comédien célèbre, écrivain immortel. Ses cendres furent transférées du cimetière de la chapelle de Saint-Joseph, où elles étaient depuis 1673, au cimetière du Père-Lachaise, le 21 mai 1804 (25).

« Tout homme qui sait lire est un lecteur de plus pour Molière. »   SAINTE-BEUVE.

MONGE (Gaspard, comte de Péluze), mathématicien, géomètre, membre de l'Académie des sciences, ministre de la Marine. Un des fondateurs de l'École polytechnique et professeur à cet établissement. — 1818 — Mausolée construit sur le modèle d'un temple égyptien et élevé par les élèves de l'École polytechnique. *Traité de statistique, Application de l'analyse à la géométrie* (18).

MONNAIS (Edouard), commissaire impérial près le Conservatoire de musique. — 1868 — Médaillon par Jouffroy (55).

MONSERRAT (comte P.-F.), général. — 1820 — Colonne surmontée d'un casque (41).

MONTBEL-DUGAS (Jean-Baptiste), littérateur, helléniste, membre de l'Institut. Député, demanda l'abolition de la peine de mort. — 1834 — *Traduction d'Homère, Histoire des poésies homériques* (38).

MONTELLANO (comte de), ambassadeur d'Espagne. — 1822 — (42).

MONTMORENCY (Louise-Auguste-Élisabeth-Colette), princesse de Vaudemont. — 1833 — (35).

MORAND (Charles-Antoine), général, pair de France. — 1835 — (30).

MORELLET (l'abbé André), littérateur, membre de l'Académie. — 1819 — (20).

MORTIER (Edouard-Adolphe), duc de Trévise, maréchal de France, ministre de la Guerre. Tué à côté de Louis-Philippe Ier par la machine infernale de Fieschi, sur le boulevard du Temple. — 1835 — (28).

MOUTON (l'abbé), grand aumônier de la marine française. — 1862 — (50).

MOUTON. Voir LOBAU.

N

NADAR. Sépulture de famille (35).

NANSOUTY (Edme-Antoine-Marie CHAMPION, comte de), général, homme politique. — 1815 — (27).

ÉPITAPHE :

« Durant toute ma vie je n'ai fait de mal à personne. »

NASCIMENTO (Francisco-Manoel), poète portugais. — 1819 — (43).

NARBONNE-LARA (Louis, comte de), général, homme politique. — 1814 — (21).

NEY (Michel), duc de la Moskowa, prince d'Elkingen, maréchal de France, fusillé sous la Restauration. — 1815 — Caveau sur lequel est établi un jardin plein de fleurs (29).

O

OLIVERRA [A]. Médaillon (29).

P

PACCARD (Alexis), architecte, professeur à l'École des beaux-arts. — 1867 — Médaillon par Guillaume (22).

PACTHOD (Michel-Marie), comte, général. — 1830 — Trophée d'armes (40).

PAILLET (Alphonse), avocat. — 1855 — Mourut en plaidant. Bas-relief de Doublemart (27).

PAILLETTE (Pierre-Thomas-Laurent), avocat à la cour. Donna des preuves de dévouement pendant les épidémies. — 1844 — (26).

PAJOL (Claude-Pierre, comte), général, pair de France. — 1844 — (35).

PALISOT, baron de Beauvais (Ambroise-Marie-François-Joseph), botaniste et voyageur, conseiller de l'Université. — 1820 — *Flore d'Oware et de Bernin* (22). On remarque sur son tombeau et sous un bouquet de fleurs d'oranger cette inscription :

« Vous l'ornâtes pendant sa vie, parez aussi son tombeau. »

PARIS (Jean-Baptiste-Eugène), général. — 1827 — (39).

PARISET (Étienne), membre de l'Institut, secrétaire perpétuel de l'Académie de médecine. Il fut envoyé en Espagne pour y étudier la fièvre jaune et la peste. — 1847 — Buste (27).

PARMENTIER (Antoine-Augustin), pharmacien, membre de l'Institut. — 1813 — Médaillon (39).

PARMENTIER (Antoine-Auguste), agronome, cultiva, le premier en France, la pomme de terre et introduisit ce tubercule dans l'alimentation. — 1813 — Tombe, sur laquelle sont sculptées des plantes de pommes de terre (39).

PERCY (Pierre-François, baron), chirurgien, membre de l'Institut. — 1825 — (18).

PERRÉE (Louis), membre de l'Assemblée constituante pendant la première Révolution, publiciste, directeur du *Siècle*. — 1851 — Buste de Dantan (22).

PÉRIGNON (Dominique, marquis de), maréchal de France, général en chef de l'armée d'Espagne. — 1818 — (24).

PERRÉGAUX, banquier [A]. — 1808 — (40).

PERROT, général, député de la Seine. — 1865 — (27)

PERRY. [A] Chapelle dans l'intérieur de laquelle on voit un joli bas-relief en marbre. Elle est située sur une plate-forme de laquelle on aperçoit un magnifique point de vue (19).

PERSIL (Eugène), substitut du procureur général de Paris, homme politique, député, mort à l'âge de 33 ans. — 1841 — (50).

PHILIPPON. [A] Sépulture de famille (37)

PICARD (Louis Benoît), auteur dramatique, membre de l'Académie. — 1829 — (43).

PIGEAU (Eustache), jurisconsulte, professeur de droit à la Faculté de Paris. — 1841 — (23).

PINEL (Philippe), médecin aliéniste. — 1826 — Buste (18).

PLOUVIER (Édouard), homme de lettres, auteur dramatique. — 1876 — (51).

POIRSON (Jean-Baptiste), géographe. — 1831 — (22).

POISSON (Siméon-Denis, baron), mathématicien, géomètre, membre du bureau des longitudes, membre de l'Académie, pair de France, conseiller de l'Université — 1840. — (19).

PRADIER (James), statuaire — 1852 — Buste et bas-relief. — *Sapho*, au Louvre, etc. (24).

PRADT (Dominique, Dufour, de), évêque de Poitiers, archevêque de Malines, membre de la première assemblée constituante, chancelier de la Légion d'honneur — 1837. — (43).

PRUD'HON (Pierre-Paul), peintre d'histoire, membre de l'Institut. *Le Christ mourant sur la croix*, au Louvre, etc. — 1823, — (29).

R

RABAUT-POMMIER (Jacques-Antoine), pasteur de l'Eglise réformée consistoriale — 1820. — (39).

INSCRIPTION :
« Je sais en qui j'ai cru. »

RANDON (Charles-Joseph, comte de PULLY), général — 1832. — (27).

RASPAIL (Sépulture de famille). Mme Raspail mourut pendant que M. Raspail, condamné pour un délit politique, était en prison à Doullens. Etex l'a représentée recouverte de son suaire au moment où elle va presser la main de son mari à travers les grilles du cachot dans lequel il est enfermé. — (18).

RASPAIL (François-Vincent). Après avoir professé la théologie dans un séminaire, il devint libre-penseur. Il se trouva mêlé à toutes les luttes politiques sous la Restauration et sous le règne de Louis-Philippe. Au 24 février 1848, il entra un des premiers à l'Hôtel de Ville et contribua à faire proclamer la République; il fut nommé député de Paris. En 1869 il fut député de Lyon et, en 1876, député de Marseille. Raspail était en outre un des chimistes et des micrographes les plus savants. Il est mort en 1878. — (18).

RAUCOURT (Marie-Antoinette), de la Comédie française, auteur de *Henriette*, drame. — (20).

REBEVAL (Joseph, BOYER de), général — 1822. — (37).

REILLE, maréchal, v. MASSÉNA.

REVELLIÈRE-LÉPEAUX (Louis-Marie), député du Tiers-État aux États-Généraux, à la Convention, à l'Assemblée constituante, président du Conseil des anciens et du Directoire exécutif, membre de l'Institut — 1824. — (39).

RIBES (comte de), général. — (28).

RIQUET (Louis-Charles), duc de CARAMAN, général — 1819. — (42).

RODRIGUES (Olynde), docteur ès-sciences, de l'École de Saint-Simon — 1851. — (28),

ROGNIAT (vicomte Joseph), général, pair de France — 1840. — (50).

ROGUET (François-Etienne, comte), général. Resta le dernier avec son bataillon sur le champ de bataille de Waterloo, après l'anéantissement de l'armée française — 1846. — (19).

ROLLAND (P.-L.). Statuaire, membre de l'Institut. Médaillon, statue d'Homère en bas-relief — 1816.— (44).

ROSILY-MESROS (François-Etienne, comte de), amiral, pair de France — 1832 — Pyramide. — (18).

ROUSSEAU (le Chevalier). Pair de France — 1827 Buste. — (28).

ROUSSIN (Albin-Reine, baron), amiral, ministre de la Marine — 1854. — (25).

ROVIGO (Anne-Jean-Marie-René SAVARY, duc de). Général, homme politique, commandant les troupes françaises en Algérie. Se distingua sous l'Empire et gagna la bataille d'Ostrolenka — 1833. — (35).

ROY (Antoine, comte de). Ministre des finances, pair de France — 1847. — (37).

RUTY (comte Charles-Etienne-François). Général d'artillerie, pair de France — 1823 — Buste. — (38).

S

SAINT-JUST (Godard d'Aucourt, baron de), auteur dramatique. — *Le Calife de Bagdad, Jean de Paris* — 1826. — (20).

SAINT-SIMON (Claude-Henri, comte de). Fit la campagne d'Amérique en 1779. Chef de la secte des Saint-Simoniens, établie sous le nom d'Ecole industrialiste; elle fut dissoute en 1833. — *Théorie de l'argent, La femme libre, De la réorganisation de la Société européenne* — 1855. — (28).

SAINTE-CLAIRE-DEVILLE (Charles-Joseph). Chimiste français, membre de l'Académie des sciences. *Application de l'aluminium aux arts, Métallurgie du platine*, etc. — 1876. — (43).

SALLANDROUZE DE LAMORNAIX (Charles). Manufacturier, homme politique, représentant du peuple, député — 1867. — (28).

SALM-DICK (Constance-Marie de Theis, dame Pipelet, princesse de). Femme de lettres. *Sapho*, tragédie — 1845. — (28).

SALVANDY (comte de), membre de l'Académie française, vice-président de la Chambre des députés — 1856. — (29).

SANSON (Nicolas-Antoine, comte). Général du génie — 1821 — (28).

SAY (Jean-Baptiste). Célèbre économiste, professeur au Collège de France et au Conservatoire des arts et métiers. *Traité d'Économie politique, Cours d'Économie politique* — 1832 — et

SAY (Alfred-Scipion). Économiste — 1864. — (39).

SCHŒLCHER (Marc) [A]. Fabricant de porcelaine. Bas-relief. — 1852 — (50).

SCRIBE (Augustin-Eugène). Auteur dramatique. Très beau monument de Paul Lebègue et sur lequel est gravée la devise de Scribe : « *Inde Fortuna, libertas.* » — 1861. — (35).

SERRES (Étienne). Professeur de médecine, directeur de l'Ecole d'anatomie, membre de l'Académie des sciences. Médaillon — 1868. — (30).

SERRURIER (Jean-Mathias). Maréchal et pair de France, gouverneur des Invalides — 1819. — (39).

SICARD (l'abbé Roch-Antoine Cucurron, dit). Professeur des sourds-muets, continua l'œuvre de l'abbé de l'Epée — 1822. — (39).

Inscription sur la colonne qui surmontait sa tombe :

« Il fut donné par la Providence pour être le créateur des infortunés sourds-muets. »   MASSIEU.

« Grâce à la divine bonté et au génie de cet excellent père, nous sommes devenus des hommes. »   CLERCQ.

SIEYÈS (l'abbé Emmanuel-Joseph, comte). Vicaire-général de Chartres, membre de l'Assemblée constituante, du Directoire et consul; membre de l'Institut, pair de France, prépara le coup d'État du 18 brumaire avec le général Bonaparte. — 1836 — (30).

SIMON (Édouard-François, baron), général. — 1827 — (28).

SIMONIN (C.-L.). Général. — 1837 — (27).

SOULÈS (comte). Général, pair de France — 1833 — (28).

SUCHET (Louis-Gabriel, duc d'ALBUFÉRA). Maréchal et pair de France — 1826. — (39).

SYDNEY-SMITH. [A] Médaillon. — (43).

T

TARBÉ DES SABLONS (Louis). Publiciste, directeur de la *Gazette des Étrangers* — 1876. — (26).

TASCHER DE LA PAGERIE (Louis-Robert, comte). Général — 1861. — (24).

THAYER (Edouard-James, baron). Sénateur, directeur général des Postes — 1859. — (30).

THIBAULT (Jean-Thomas). Peintre, membre de l'Institut — 1826. — (43).

THIERS (Louis-Adolphe), avocat, lauréat de l'Académie, publiciste, député d'Aix, ministre de l'Intérieur (1832), exilé (1852), député de Paris (1863-1869), vota contre la guerre. Elu par 26 collèges électoraux, il opta pour la Seine (1871) ; chef du pouvoir exécutif de la République (1871) ; député de la Seine (1874) ; libérateur du territoire, décédé en 1877. — (30), et

DOSNE, sépulture de famille où sont inhumés avec l'ancien président de la République :

LOTHELIER (Eulalie, veuve MATHERON). — 1839.

DOSNE (Alexis-André). — 1849.

MATHERON, veuve DOSNE (Eurydice-Sophie). — 1865.

TOCHON (Joseph-François), historien, membre de l'Institut — 1820. — (23).

TOLLARD (Claude), docteur en médecine, professeur de la Faculté — 1842. — (26).

TRIQUETTI (Henry-Joseph, baron), statuaire. Bas-relief représentant la résurrection de Lazare et exécuté par Triquetti. — 1874 — (42).

TRUGUET (L.-J.-F., comte), amiral, pair de France, ministre de la marine sous la Restauration — 1839. — (40).

TURGY (Louis-François de), valet de chambre de Louis XVI, le servit pendant sa captivité. Monument élevé par l'ordre de la duchesse d'Angoulême et à ses frais. *Fragments historiques sur la captivité de la famille royale à la tour du Temple.* — (41).

TURPIN (Jean-François), naturaliste, membre de l'Académie des sciences. Chapelle dans laquelle se trouve le buste du savant — 1840. — (39).

U

URQUIJO (Mariano-Luis de), ministre espagnol — 1817. — (42).

UZÈS (d'), voir CRUSSOL.

V

VAILLANT (Auguste-Nicolas), vice-amiral, ministre de la Marine — 1858. — (39).

VALENCE (Cyrus-Marie, comte de), général, pair de France. Faisceaux d'armes — 1822. — (24).

VALLESTEROS (François), général en chef des armées d'Espagne, ministre de la Guerre. Mort en exil. Buste de Bra — 1832. — (28).

VASSAL (Jacques-Claude ROMAN), président du tribunal de Commerce de la Seine, député de la Seine — 1834. — (38).

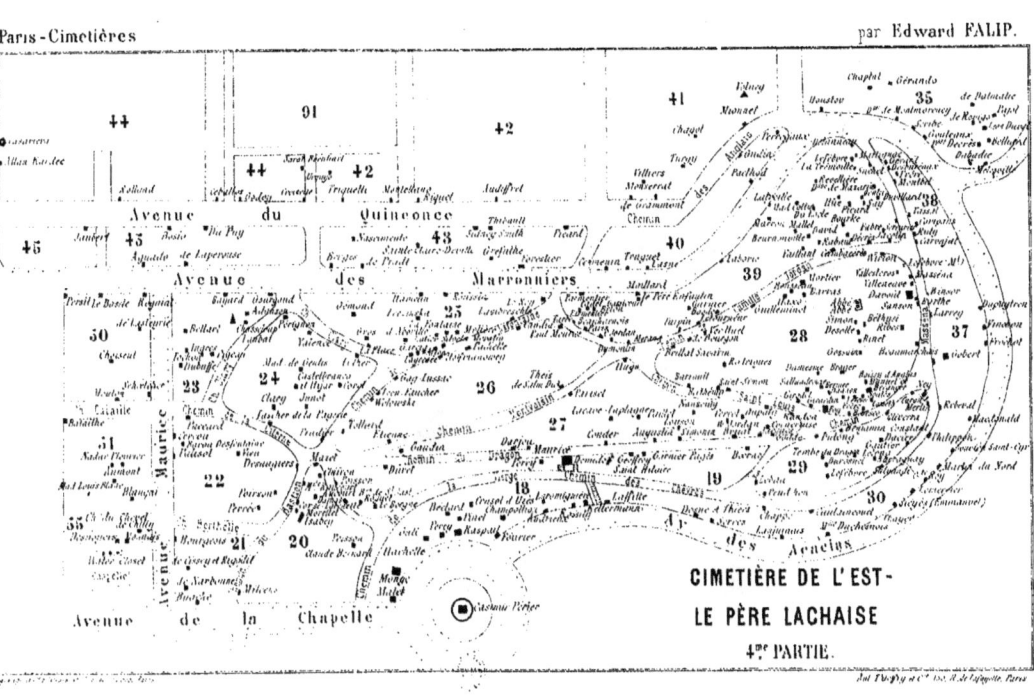

VER-HUEL (Charles-Henri; comte de SEVENAERT), amiral, pair de France — 1845. — (28).

VIEN (Joseph-Marie, comte), peintre d'histoire — 1848, et

VIEN (comtesse), femme de lettres. — (22).

VILLENEUVE (Clément-Louis, marquis de), général pair de France — 1824. — (28).

VINCHON (Jean-Baptiste-Auguste), peintre d'histoire — 1855. — (37).

VOLNEY (Constantin-François CHASSEBOEUF), historien, voyageur en Égypte et en Syrie, directeur général du Commerce et de l'Agriculture, député aux États-Généraux, professeur à l'École normale, membre de l'Institut, sénateur. *Description de l'Égypte, Considérations sur la guerre des Turcs* — 1820. — (41).

W

WINSOR (Frédéric-Albert), introduisit le premier l'éclairage au gaz dans les villes de France — 1830. — (37).

WIRION, général — 1810. — (28).

WOLOWSKI (Louis-Michel), économiste français, professeur au Conservatoire des arts-et-métiers, ancien représentant, membre de l'Institut, sénateur, administrateur du Crédit foncier — 1876. — (26).

CINQUIÈME PARTIE

Avenues : de la Chapelle, Circulaire, des Marronniers, Feuillants, de Morny, Cail.

Divisions : 46, 47, 48, 49 1re sect., 49 2e sect., 52, 53, 54, 69, 70, 80, 81, 85, 86.

A

ACHARD (Amédée), homme de lettres, romancier. *Brunes et Blondes, Lettres parisiennes sous le pseudonyme d'Alceste.* Médaillon par Jeanson — 1875 — (85).

ANDRIANOFF [A]. Statue de Jeune fille. — (49, 2e sect.).

B

BALZAC (Honoré de), littérateur. *La Comédie humaine.* Buste de David d'Angers — 1850. — (48).

BARRILLET (Jean-Pierre), jardinier en chef de la ville de Paris. Buste — 1873. — (69).

BARYE (Antoine-Louis), sculpteur-animalier. *Les*

trois Grâces, *Les Lions des Tuileries, Tigre combattant un crocodile,* etc. — 1876. — (49, 1re sect.).

BEAUCÉ (Jean-Adolphe), peintre d'histoire, dessinateur d'illustrations. Buste par Devaulx — 1875. — (49, 1re sect.).

BEAUJOUR (Félix), banquier, ancien consul sous l'empire, pair de France. Pyramide colossale. — 1836. — (48).

BELLOC (Hilaire), peintre d'histoire. Buste par Itasse — 1866. — (52).

BÉRAT (Frédéric), poète et compositeur de musique. *Charmantes romances, paroles et musique.* — 1855. — (49, 1re sect.).

BIGNAN (Anne), poète, littérateur, couronné plusieurs fois par l'Académie française — 1861. — (49, 2e sect.).

BINET [A]. Statue. — (52).

BLAINVILLE (Henry-Marie Ducrotay, de), naturaliste, professeur à la Faculté des sciences et au Muséum, successeur de Cuvier. Buste de Merlieux — 1850. — (54).

BORY de SAINT-VINCENT (Jean-Baptiste), naturaliste. *Traité de l'homme.* Très-beau mausolée — 1846. — (49, 1re sect.).

BOUTIN (René-François), artiste du théâtre de la Porte-Saint-Martin — 1872. (48).

BOY [A], fabricant de bronzes. Buste — 1870. — (53).

BRISEBARRE (Edouard, auteur dramatique — 1871. — (47).

BULOZ (François), directeur de la *Revue des Deux-Mondes* — 1877. — (52).

C

CAIL (Jean-François), ingénieur-mécanicien, constructeur de machines. C'est dans l'usine Cail que s'improvisa, pendant le siège de Paris, l'outillage nécessaire pour fabriquer le matériel indispensable à la défense et à l'alimentation. Magnifique chapelle — 1858. — (69).

CAMBACÉRÈS (Delphine) [A]. Buste de Jouandot. — (48).

CAMUS (Armand), membre de l'Assemblée constituante pendant la première révolution — 1804. — (53).

CAPELLARO [A]. Statue représentant un ange qui donne la liberté à un papillon. — (43).

CARTELLIER (Pierre), statuaire, membre de l'Institut. Buste par Rude, bas-reliefs par Seurre et Petitot — 1831. — (53).

CHASSELOUP-LAUBAT (Just, marquis de), ministre plénipotentiaire — 1847. — (49, 1re sect.).

CHENAVARD (Claude-Aimé), peintre ornemaniste. Beau mausolée abritant un magnifique vase en bronze — 1838. — (49, 1re sect.).

COQUEREAU (Félix), licencié en droit, prédicateur, chanoine de Saint-Denis, aumônier en chef de la marine. Accompagna les cendres de Napoléon Ier, de Sainte-Hélène à Paris — 1866. — (53).

COTES [A]. Riche chapelle ornée de fresques et de bas-reliefs. — (54).

COUDERC (Joseph-Antoine), artiste de l'Opéra-Comique — 1875. — (85).

CREMER (Camille), capitaine d'État-Major, nommé général de division pendant la guerre; mort à la suite des fatigues qu'il supporta pendant ces jours néfastes. — 1876 — (49, 1re sect.).

CROCÉ-SPINELL et SIVEL, aéronautes, morts victimes de leur amour pour la science pendant une ascension. M. Gaston Tissandier qui les accompagnait revint seul vivant. Il furent asphyxiés à la hauteur de plus de 1,500 mètres. Monument élevé à l'aide du produit d'une souscription nationale. — 1875 — (47).

CROZATIER (Charles), statuaire. Buste et bas-reliefs. — 1855 — (49, 2e sect.).

D

DARCET (Félix), docteur en médecine. Recherches sur les ophtalmies purulentes. — (52).

DÉJAZET (Virginie), célèbre artiste, gracieuse, généreuse, charitable et sympathique. Une foule immense se pressait à ses obsèques. Monument élevé par souscription — 1875. — (81).

DELACROIX (Eugène), peintre d'histoire. *Plafond de la salle d'Apollon*, au Louvre — 1843. — (49, 1re sect.).

« Mon tombeau sera au Père-Lachaise, sur la hauteur, dans un endroit un peu écarté. Il n'y sera placé ni emblème ni buste, ni statue. Mon tombeau sera copié très-exactement sur l'antique ou Vignole ou Palladio, etc. »

Ces dernières volontés de l'illustre peintre ont été respectées, le sarcophage est une reproduction en lave de Volvic du tombeau connu sous le nom de Tombeau de Scipion et conservé à l'École des beaux-arts. Il repose sur une base de granit; architecte Darcy.

DELAVIGNE (Jean-François-Casimir), poète lyrique et dramatique, membre de l'Académie. — 1843 —

Les Vêpres siciliennes, Louis XI, etc. Darcy, architecte (49, 1re sect.).

DELPECH (J.-B.), ingénieur — 1865 — Buste (52).

DE SÈZE (Raymond), premier président de la Cour de cassation. Défenseur de Louis XVI devant le tribunal révolutionnaire. — 1828 — Obélisque (53).

DESCLÉE (Aimée), artiste très-sympathique et d'un grand avenir. — 1874 — A créé : *Frou-Frou, Marceline*. Buste (70).

DIAS-SANTOS (Knusey, Marie-Émilie, veuve), duchesse de Duras. [A] Mausolée sculpté par Fessard (48).

DODE DE LA BRUNERIE (vicomte Guillaume), maréchal et pair de France. Dirigea la construction des fortifications de Paris. — 1851 — (54).

DORIAN (Pierre-Frédéric), manufacturier, membre du Gouvernement de la Défense nationale, ministre des Travaux publics. Fondit des canons à Paris pendant le siége et aida puissamment à la défense de la capitale. — 1873 — Statue (70).

DOYLE (sir William), général anglais (53).

DUVERT (Auguste-Félix), auteur dramatique, collaborateur ordinaire de Lausane. — 1876 — (54).

F

FABRE (Victorin), littérateur. — 1831 — et

FABRE (Auguste), auteur dramatique, poëte. — 1839 — *La Calédonie,* etc. Bas-relief de Frenard (52).

FAVEROLLES (Mme Salvage de). [A] Monument sculpté par Dubray (48).

FEUCHÈRES (baron de), général (49, 2e sect.).

G

GÉRARD DE NERVAL (Charles Colligny), homme de lettres, poëte. — 1852 — (49, 1re sect.).

GRISAR (Albert), compositeur de musique. — 1869 — *Gilles ravisseur, les Porcherons,* etc. Médaillon (47).

H

HAINL (Georges-François), chef d'orchestre du Grand-Opéra. — 1873 — (69).

HALANZIER. [A] Sépulture de famille (69).

J

JACOTOT (Joseph), philosophe, instituteur. Auteur

de la méthode d'enseignement universel. — 1840 — *La Langue maternelle, la Langue étrangère* (49, 1re sect.).

JENNY (Auguste), commandant du 10e bataillon de mobiles de la Seine. Tué à Staim en 1870. Buste de Lanzirotti (69).

JOMARD (Edme-François), géomètre, membre de l'Institut. — 1862 — (49, 2e sect.).

K

KNIFF (Jacques-Antoine-Édouard, baron de), général. — 1877 — (69).

L

LACHAMBEAUDIE (Pierre), poète, fabuliste. — 1872 — Buste de Talhuet (48).

LACRETELLE (Jean-Charles), historien, membre de l'Académie. — 1855 — (49, 2e sect.).

LALANDE (Julien-Pierre-Anne), amiral. — 1844 — (46).

LASSUS (Jean-Baptiste), architecte. — 1857 — *Restauration de Notre-Dame*, avec Viollet-le-Duc; *de la Sainte-Chapelle. Construction de l'Église de Belleville* (46).

LEFOURNIER (A. J.), célèbre émailleur. — 1859 — (48).

LETELLIER (Adrien), publiciste, ancien rédacteur en chef de *l'Assemblée nationale* (ancien journal). — 1875 — (54).

M

MARMORITO (comtesse de). [A] (70).

METZGER, capitaine des sauveteurs. Périt victime de son patriotisme, tué par les éclats d'un canon de son invention dont il faisait l'essai. — 1870 — Médaillon de Vasselot (48).

MÉLINGUE (Étienne-Marin), artiste dramatique et statuaire. — 1875 — Il modelait une statue en jouant son rôle dans *Benvenuto Cellini* (53).

MERCIER (Jean-Michel), peintre. — 1874 — Médaillon (47).

MICHELET (Jules), historien et littérateur, philosophe, professeur au Collége de France, membre de l'Institut. — 1875 — Les funérailles du célèbre savant ont eu lieu le 18 mai 1876. Dix mille personnes y assistaient. *L'Amour, Histoire de France, Bible de l'Humanité* (54).

MIRZA HASMAT LAKENDEL BAHADOUR, prince indien de la famille royale d'Oude. — 1858 — *Cimetière musulman*.

MORNY (Charles-Auguste, duc de), député, homme

politique, ministre, président du Corps législatif. — 1865 — Chapelle construite sous la direction de Victor Lemaire, sur les dessins de Viollet-le-Duc (54).

N

NODIER (Charles), poëte et littérateur, administrateur de la Bibliothèque de l'Arsenal, membre de l'Académie. — 1844 — Buste (49, 1re sect.).

O

OUDE (La reine d'). — 1858 — *Cimetière musulman.*

P

PILS (Adrien-Auguste-Isidore), peintre, professeur à l'École des beaux-arts. — 1875 — (54).

PONTÉCOULANT (Louis - Gustave DOULCET de), membre de la Convention, pair de France. — 1853 — (49, 2e sect.).

POULTIER-DELMOTTE (François-Martin), membre de la Convention, littérateur. Mort en exil en 1826. (49, 1re sect.).

R

RAYNEVAL (Alphonse-Gérard, comte de), ambassadeur de France en Russie. — 1858 — (52).

RIARIO-SFORZA (duc de). [A] (49, 1re sect.).

ROHAULT DE FLEURY (Charles), architecte. — 1865.

RICCI, général (54).

ROELOFSON. [A] (52).

ROMAN (Jean-Baptiste), statuaire, membre de l'Institut. — 1835 — (53).

ROUSSEL [A]. Buste par Rousseau.

S

SAVALLE (P.-A.), ingénieur. — 1864 — Médaillon (49, 2e sect.).

SARRAZIN (E.-L.), directeur des Écoles communales de Paris. — 1865 — Médaillon (49, 1re sect.)

SERRE (Jean), général. — 1875 — (47).

SERVAIS (Marie-Thérèse), peintre de fleurs. — 1839 — Médaillon (46).

SIMONIN. [A] (52).

SIVEL. Voir CROCÉ-SPINELLI.

SOULIÉ (Frédéric), littérateur, romancier. — 1847 — *Les Mémoires du Diable, les Deux Cadavres,* etc.

Médaillon par Clésinger, sculpture du monument par Boland.

SÉGALAS (Pierre-Salomon), docteur en médecine, membre de l'Académie de médecine, conseiller général et municipal de la Seine. — 1876 — Buste (70).

SOUVESTRE (Emile), littérateur, romancier. — 1854 — Buste par Gras (48).

STRANZIERI, compositeur de musique. — 1855 — (52).

T

TENCÉ (de). [A] Chapelle (49, 2e sect.).

TROUSSEL (Léon), publiciste, rédacteur de la *Patrie*. — 1876 — (47).

TYSKIEWICZ, général polonais, mort en exil, en 1832 (54).

V

VIENNET (Jean-Pons-Guillaume), journaliste, secrétaire perpétuel de l'Académie. — 1868 — (54).

Paris-Cimetières   par Edward FALIP.

CIMETIÈRE DE L'EST LE PÈRE-LACHAISE
5ᵐᵉ PARTIE.

CIMETIÈRE DU NORD

MONTMARTRE

Situé sur le boulevard de Clichy.

Omnibus qui y conduisent : De l'Odéon à Clichy. Tramway de l'Étoile à La Villette; celui de Batignolles au Jardin des Plantes passe non loin du cimetière.

Ce cimetière portait autrefois le nom de *Champ du repos*, il se trouvait en dehors du mur d'enceinte de la ville, et servait exclusivement aux inhumations de Montmartre. La ville de Paris l'acquit en 1804 et le destina à la sépulture des habitants de la ville dont l'habitation était située au nord de la capitale.

L'étendue de terrain occupée primitivement par le cimetière fut bientôt devenue insuffisante. On y a ajouté un vaste emplacement situé dans la partie orientale du champ d'asile, et auquel on parvient en traversant le tunnel. Cette partie du cimetière était réservée aux concessions temporaires. Nous ne l'avons pas décrite parce que la position des tombes qu'elle renferme peut être modifiée à chaque période de la reprise des terrains.

L'étendue totale du cimetière du Nord est d'environ dix hectares.

Nous avons divisé le plan général en deux parties, dans lesquelles sont indiquées les divisions correspondantes aux numéros inscrits sur les poteaux indicateurs placés aux côtés de ces divisions.

Paris-Cimetières   par Edward FALIP.

CIMETIÈRE DU NORD
MONTMARTRE
Plan d'ensemble.

PREMIÈRE PARTIE

Avenues : Principale, des Polonais, des Gardes, du Buisson, de la Cloche, de la Croix, Saint-Charles, de Montmorency, Cordier, Butte-Céleste.

Divisions : 1, 2, 3, 13, 14, 15, 16, 17, 18, 19, 20, 21, 26, 27, 28, 29, 30, 31, 32, 33.

A

ABANCOURT (Louis-Joseph baron d'), général — 1842 — (19).

AGUESSEAU (Philippe marquis d'), maréchal de de France, ministre d'État — 1801 — (19).

ALARD et VILLAUME. Sépulture de famille (1).

ALLOIS D'HERCULAIS (comte d'), général — 1842 — (31).

AMPÈRE (André-Marie), membre de l'Académie des sciences — 1836. — *Théorie électro-dynamique, Essai sur la philosophie des sciences.* Médaillon (30) et

AMPÈRE (Jacques-Antoine), membre de l'Académie des sciences et de l'Académie des inscriptions et belles-lettres — 1864. — Médaillon (30).

ANDRÉOSSY (Antoine-François comte), membre de l'Académie, général — 1828 — (19).

ANTIGNA (Jean), peintre d'histoire. — 1878 — (21).

ARTOT (Alexandre-Joseph MONTAGNY dit), compositeur et violoniste — 1845. — Buste et bas-relief (19).

B

BALLY (comte de), général. — 1847 — (30).

BALLANCHE. Voyez RÉCAMIER.

BARATEAU (Émile), littérateur, poëte, compositeur de romances. *Jenny l'ouvrière*, etc. — 1870 — (26).

BARBANTANE (marquis de), général (32).

BARROILHET (Paul-Bernard), artiste lyrique de l'Opéra — 1871. — Buste par Hosi (29).

BATAILLE (Charles), littérateur, auteur dramatique — 1868. — *Les nouveaux Mondes*, etc. (32).

BATTON (Désiré-Alexandre), musicographe, compositeur de musique — 1855. — *Le Remplaçant*, etc. Buste (19).

BAUDIN (Alphonse), docteur en médecine, représentant du peuple. « Mort en défendant le droit et la loi. » — 1851 — Monument élevé par souscription. Architecte : Dupré; statuaire : Millet. Statue couchée de Baudin (27).

Baudin organisait la résistance dans le faubourg Saint-Antoine, le lendemain du coup d'État, le 3 décembre 1851. Il venait de monter sur une barricade, lorsqu'une femme du peuple, très-exaltée, s'adressant à Baudin, et aux représentants qui l'accompagnaient, lui dit : « — Ah! vous croyez que nos hommes vont se faire tuer pour vous conserver vos vingt-cinq francs. » — Attendez un peu, répliqua Baudin, vous allez voir comment on meurt pour vingt-cinq francs. »

Quelques minutes après, il tombait frappé par une balle qui, entrée dans le front par l'angle de l'œil gauche, était sortie derrière l'oreille droite.

BAUDIN (Charles), amiral — 1812. — *Combats de Saint-Jean-d'Ulloa, du Renard* (1).

BAZAINE (Pierre-Dominique), général au service de la Russie. Refusa de combattre contre la France, et fut envoyé en Sibérie — 1838 — (19).

BÉDARRIDES (Marie), officier d'état-major, grand dignitaire de la franc-maçonnerie. — 1848 — *Cimetière israélite*

BELLAIR (Julienne baron de), général 1838 — (13).

BELLANGÉ (Hippolyte), peintre d'histoire — 1866 — (28).

BERNARD (Simon baron), ministre de la Guerre, général — 1830 — (32).

BERTON (Henry), compositeur de musique, professeur d'harmonie — 1857. — *Montano et Stéphanie* (19).

BEYLE (Henri, dit STHENDAL), littérateur. — 1842 — *Le Rouge et le Noir*, *La Chartreuse de Parme* (17). Tombe sur laquelle on lit : « *Scrisse, amo, visse.* Ann. 59. M. II.

BIDÉ DE MAURVILLE (comte), contre-amiral. — 1860 — (20).

BILLECOQ (Jean-Baptiste), jurisconsulte, bâtonnier de l'ordre des avocats — 1829 — (29).

BLANCHARD (Henry-Pharamond), peintre, dessinateur de l'*Illustration* — 1873 — (32).

BLANCHET (Alexandre-Paul-Louis), médecin en chef de l'institution des sourds-muets, docteur en médecine — 1867. — *Traité philosophique et médical sur la surdité-mutité.*

BOUCHOT (François), peintre d'histoire — 1842 — (32).

BOUGENEL (François), général — 1865 — (27).

BOUILLÉ (marquis de), général — 1850 — (1).

BOUILLON-LAGRANGE (Edme), médecin, chimiste, membre de l'Académie de médecine, directeur de l'École de pharmacie — 1840 — (14).

BOULANGER (Marie-Julie HALLIGNER), chanteuse de l'Opéra-Comique, élève de Garat — 1850 — (33).

BOURDON [A] (16).

BOUSQUET (George), compositeur de musique, grand prix de Rome — 1854 — *Tabarin* (32).

BRAUX (Le) [A]. Buste (21).

BRESSON (Stanislas), député des Vosges, directeur général de l'administration des forêts — 1843 — (14).

BRIAN (Joseph) — 1861 — et BRIAN (Louis) — 1864 — statuaires, élèves de l'École de Rome (16).

BURY (Fulgence de), auteur dramatique — 1840 — (26).

C

CACCIA [A] (28).

CAPITAINE (Louis-Félix), docteur en médecine,

professeur agrégé à l'École de médecine de Paris — 1811 — (3).

CARNEVILLE (Symon, comte de), général. — 1857 — (32).

CATEL (Charles-Simon), compositeur de musique, professeur d'harmonie au Conservatoire, membre de l'Institut — 1830 — *Traité d'harmonie, Sémiramis,* grand opéra, etc. (30).

CAUVAIN (Henry), avocat, publiciste du *Constitutionnel* — 1858 — (14).

CAVAIGNAC (Jean-Baptiste), député à la Convention. Mort en exil en 1823. Dans la même tombe :

CAVAIGNAC (Godefroy), publiciste, l'un des chefs les plus populaires du parti républicain sous le règne de Louis-Philippe Ier — 1845. — Statue couchée, chef-d'œuvre par Rude.

CAVAIGNAC (Louis-Eugène), général — 1857 — chef du pouvoir exécutif du 28 juin au 31 décembre 1848. « Écrasa l'insurrection de juin 1848. Il résigna ses fonctions après le plébiscite donnant six millions de suffrages à Louis-Napoléon, avec une dignité qui fut applaudie de tous les partis. L'Assemblée nationale a déclaré, par deux fois, qu'il avait bien mérité de la patrie. » (31)

CAVÉ (Auguste-Hygin), directeur des Beaux-Arts. —   — (3).

CHAIX D'EST-ANGE (Gustave-Louis-Adolphe-Victor), avocat, homme politique, député, sénateur, procureur général près la Cour de Paris. Défenseur des quatre sergents de la Rochelle. — 1876 — (21).

CHAUDEY (Gustave), publiciste, rédacteur du *Siècle*. Arrêté le 14 avril 1871, et fusillé le 23 mai de la même année, par ordre et en présence de Raoul Rigault, préfet de police de la Commune. Ce n'est pas sans émotion qu'on lit sur la tombe de Chaudey, ces lignes, triste pressentiment exprimé par le courageux journaliste, dans le *Siècle*, le 24 mars 1871, quelques jours avant son arrestation :

« Si quelque balle recriminatrice nous est réservée, nous n'aurons qu'à tomber en faisant des vœux pour la République. »

CHOLET (François-Armand, comte), pair de France. — 1826 — (31).

CINTI-DAMOREAU (Laure-Cinthie Montalan), artiste lyrique du Grand-Opéra. — 1863 — (26).

CLAPISSON (Antonin-Louis), compositeur de musique, fondateur du musée instrumental au Conservatoire. — 1866 — *La Fanchonnette*, *Gibby-la-Cornemuse*, etc. Médaillon (28).

COËTLOGON (Jean-Baptiste, comte de), poëte, littérateur. — 1827 — *Odes*, *Tragédies* (31).

CLAVEL D'AURIMONTS [A] (21).

ÉPITAPHE EN FORME D'ACROSTICHE

A u milieu du siècle dix-huit,
L 'an d'heure cinquante et septième,
E n France dans humble réduit,
X Romain double et deuxième
A ce mois que septembre l'on dit,
N ommé Matthieu le neuvième,
D u giron maternel sortit....
R ien il n'était, quand il naquit.
E t rien longtemps il fut de même.

M ais à trois lustres accomplis
A près avoir, dans bonne école,
T raduit en langue de Paris,
H orace et le grec protocole,
I l commenta Locke et Leybnis
E t s'affublant de mince étoffe
U n peu se rendit philosophe.

V oyages sur terre et sur eau,
I nspections académiques,
C ultures, écrits de bureau,
T héâtres, jeux, mathématiques,
O bjets de l'art médicinal
R emplirent son destin fatal.

C upidité ne fut son vice
L e goût des arts seul l'occupa.
A mour fit longtemps son supplice,
V ainement il ne soupira.
E uterpe assez lui fut propice,
L a musique le consola.

D 'une prétention frivole,
H eureux de n'avoir point d'orgueil.

PREMIÈRE PARTIE

A vare du temps qui s'envole
U n sage voit tout du même œil,
R iant de toute chaîne folle,
I l ne connut jamais le deuil
M athieu de tout temps fit de même
O nques de rien ne murmura
N om fameux, puissance suprême,
T résors, naissance, diadème
S ur rien son cœur ne se fixa.

D u sort en vain le dur caprice
O bstinément le tourmenta
C omptant pour rien son injustice
T oujours tranquille il s'en moqua
E n bonne et sinistre occurence
U sant de ses droits de chevance
R ien jamais ne l'inquiéta.

E picurien franc, stoïque,
N arguant l'engeance séraphique

M audissant surtout les cagots
E nnemi du célibataire
D ont l'austérité mensongère
E st la source des plus grands maux
C ontre l'odieux fanatisme
I l se déchaina sans détour
N e crut qu'au vrai patriotisme
E t craignant Dieu, perdit le jour.

Composée à Paris, le 21 juillet 1780.

COGNIARD (Théodore), auteur dramatique. — 1872 — Collabora le plus souvent avec son frère. *La Chatte blanche, le Pied de mouton,* etc. (13).

COLET (Hippolyte-Reimond), compositeur de musique. — 1851 — *L'Ingénue*, opéra. Médaillon par Ferrat (33).

COTTRAU (Félix), peintre, inspecteur général des Beaux-Arts. — 1852 — Buste de Pollet (18).

COUTAN (Paul-Amable), peintre d'histoire. — 1837 — (3).

CRÉMIEUX (Sem-Amédée) volontaire à l'armée du Nord, blessé en 1870, mort en 1871. *Cimetière israélite.*

CROY DE HONGRIE (Claude-Henry, comte de), diplomate. — 1843 — (13).

CRUX (Don José de la), général espagnol. — 1852 — (21).

D

DARU (Pierre-Antoine, comte), intendant général, pair de France, ministre, membre de l'Académie. — 1820 — *Traduction d'Homère, Histoire de Venise* (21).

DAVID-DESCHAMPS, député de l'Orne. — 1865 — (13).

DAZINCOURT (Albouy), de la Comédie française. — 1809.

> Du Théâtre français l'honneur et le soutien,
> Digne successeur de Préville,

Homme de goût, homme de bien ;
Aimable à la cour, à la ville ;
Ami vrai, délicat, généreux,
Il réunit sur sa cendre chérie
Et les regrets des enfants de Thalie,
Et les larmes des malheureux....

Dans la même tombe :

DESBROSSES (Louise), de la Comédie française. — 1809. — (14).

DESBŒUFS (Antoine), statuaire. — 1862 — Médaillon (1).

DESCAMPS (Alexandre-Gabriel), peintre. — 1860 — Médaillon représentant Mme Descamps (17).

DESCHAMPS (Nicolas), artiste du Grand Opéra. — — 1842 — (20).

DELESPINE (Pierre-Jules), architecte, membre de l'Institut. — 1826 — (30).

DENISE (Joseph-Armand), homme de lettres, précepteur des pages de Napoléon Ier. — 1861 — Statue (2).

DIAZ DE LA PEÑA (Narcisse), peintre de paysages. — 1876 — (14).

DIAZ (Emile), fils du grand peintre, déjà lui-même compositeur de musique de talent, lorsqu'il fut emporté par une maladie de poitrine en 1861. *L'Aubade*. [A] Beau médaillon en bronze (14).

DIL..ER (Aglaé). [A] (27).

DIGEON (Armand-Joseph, baron), général.—1863 — (21).

DOMMANGET (baron), général. — 1848 — (13).

DORVILLE (Armand), philantrope, fondateur et président de la Société : La Bienfaisante Israélite. — 1858 — *Cimetière israélite.*

DOUCET, général, ancien commandant de Paris. — 1834 — (19).

DUJARIER (Alexandre-Honoré), publiciste, rédacteur de la *Presse*, tué en duel par Beauvallon. —

DUPARC. [A] (15).

DUVAL (Amaury), membre de l'Institut, de l'Académie des inscriptions et belles-lettres. — 1838 — Médaillon (13).

F

FEYDEAU (Ernest), architecte, poète, littérateur. — 1873 — *Les Nationales, Fanny,* roman qui a eu seize éditions en six mois; *Daniel,* etc. (30).

FEUCHÈRE (Adélaïde), veuve de Grimod de la Reynière. — 1845 — (30).

FONTEYRAUD (Alcide), économiste. — 1849 — *Principes d'économie politique, la Ligue anglaise* (14).

FOUGÈRE (Louis-Gustave). [A] Médaillon (13).

FOURNEYRON (Benoît), ingénieur civil. — 1867 — *Mémoire sur les turbines hydrauliques* (26).

FOURNIER. [A] (28).

FRÉDÉRICK-LEMAITRE. Voir LEMAITRE.

G

GAU (François-Chrétien), architecte. — 1853 — *Eglise de Sainte-Clotilde*, etc. (19).

GAUTIER (Théophile), poète, publiciste, critique d'art, littérateur. — 1872 — *Émaux et Camées, Mademoiselle de Maupin*, etc. Monument très-élégant, Drevet architecte, Godebski statuaire. Un piédestal en pierre bleue de Brabant supporte le sarcophage et la statue de Calliope, muse de la poésie, tenant le médaillon sur lequel est sculpté le portrait de Gautier (3).

On lit sur des médaillons qui ornent les deux faces latérales du mausolée :

L'oiseau s'en va, la feuille tombe,
L'amour s'éteint, car c'est l'hiver,

> Petit oiseau, viens sur ma tombe
> Chanter quand l'arbre sera vert.

> Priez Dieu pour son âme, et par des fleurs nouvelles
> Remplacez en pleurant les pâles immortelles
> Et les bouquets anciens.

Et sur la troisième face :

> Où retrouvez-vous le temps sacrifié
> Et ce qu'a de votre âme emporté sur son aile
> Des révolutions la tempête éternelle?

GÉRARD DE FERNIG. [A] (17).

GIMELLE (Pierre-Louis), médecin, membre de l'Académie de médecine. — 1865 — *Mémoires sur l'iode, l'émétique*, etc. (31).

GIRARD (Narcisse), compositeur de musique, chef d'orchestre au Grand-Opéra. — 1860 — (2).

GIRARDIN (Alexandre, comte de), général. — 1855 — Il fit, à Austerlitz, avec dix hommes, quatre cents prisonniers et prit dix pièces de canons; il repoussa six mille Russes avec deux bataillons d'infanterie (30).

GIRAUD (Victor), peintre d'histoire. — 1871 — (27).

GONCOURT (Jules Huot de), littérateur, romancier. — 1870 — *Histoire de la Société pendant la*

Révolution, en collaboration avec son frère, et *Germinie Lacerteux, l'Amour au XVIIIe siècle*, etc. (13).

GOZLAN (Léon), littérateur, romancier. — 1866 — *Le Médecin du Pecq, les Nuits du Père-Lachaise*, etc. (21).

GREUZE (Jean-Baptiste), peintre. — 1805 — *La Cruche cassée, la Malédiction paternelle*. Monument très-simple, une pierre entourée de quatre cyprès (27).

H

HALÉVY (François-Fromental), compositeur dramatique, membre de l'Institut, secrétaire perpétuel de l'Académie des beaux-arts. — 1862 — *La Juive, la Reine de Chypre, Charles VI, l'Éclair*. Statue par Duret, monument par Lebas. *Cimetière israélite.*

HAUBERSART (Alexandre-Auguste, comte d'), conseiller d'État, député du Nord. — 1855 — (1).

HAUDEBOURT-LESCOT (Antoinette), peintre. — 1845 — Monument d'un style original (19).

HAUTPOUL (Marie-Constant-Fidèle-Aman, marquis d'), général. — 1853 — (21).

HEINE (Henri), écrivain allemand et français. — 1856 — *Les Lieder, Rêve d'une nuit d'été, Lutèce* (27).

HOGSON (Henri), général au service de la Compagnie des Indes. — 1855 — (16).

HOUDETOT (César-Marie-Louis-François, comte d'), général. — 1825 — [A] *Jolie chapelle* (21).

HURAULT DE SORBÉE, général. — 1850 — (21).

J

JOHANNOT (Alfred), peintre d'histoire. — 1837 — *François I*er *reçoit la visite de Charles-Quint* (3), et

JOHANNOT (Tony), peintre et dessinateur — 1852.

JOLLIVET (Marie-Adolphe), publiciste, délégué de la Martinique, tué sur la place de la Concorde, le 24 février 1848. — (14).

JUBINAL (Achille), professeur à la Faculté de Montpellier, littérateur, député. — 1876 — *Explication de la Danse des morts, Recherches sur l'origine et l'usage des Tapisseries* (15).

JULLIEN (Pierre-Alexandre), inspecteur général des Ponts et Chaussées. — 1873 — *Chemins de fer de Paris à Lyon* (20).

JURIEN DE LA GRAVIÈRE (Pierre-Roch), vice-amiral. — 1849 — *Combat des Sables d'Olonne* (18).

K

KÖNIGSVARTER (Maximilien), banquier, homme politique, député de la Seine en 1852 et 1857. — 1876 —. *Cimetière israélite.*

L

LABÉLONYE (Jean-Pierre-Claude), député de Seine-et-Oise. — 1874 — (14).

LAFONT (Pierre-Chéri), artiste dramatique des Variétés. — 1873 — (2).

LAGRANGE. Voir BOUILLON-LAGRANGE.

LARMOYER. [A] Bas-relief (26).

LAUNER (J.-M.-L.), premier violon du Grand-Opéra (3).

LAURECISQUE (Pierre-Léonard), architecte. — 1860 — *Palais de l'ambassade française à Constantinople.* Monument très-remarquable en style égyptien (1).

LAVOESTINE (Anatole, marquis de), général, sénateur, gouverneur des Invalides. — 1840 — (10).

LEGOUVÉ (Gabriel-Marie-Jean-Baptiste), littérateur et poète, membre de l'Institut. — 1812 —

Petite chapelle, dont il faut chercher l'inscription sur la face opposée à l'avenue :

> Quelquefois mes amis s'entretiendront de moi,
> Je reste dans leur cœur, je vivrai dans leurs larmes;
> Ce tableau de la mort adoucit les alarmes ;
> Et l'espoir des regrets, que tout mortel attend,
> Est un dernier bonheur à son dernier instant.

Le Mérite des femmes, la Mort d'Abel, etc. (1).

LEJEUNE. [A] Monument colossal (29).

LEMAITRE (Frédérick), célèbre artiste dramatique. — 1875 — Créateur d'*Hamlet*, de *Trente ans ou la Vie d'un joueur*, de *Robert Macaire*, etc. (28).

LENORMANT (Charles), archéologue, membre de l'Institut, professeur au Collége de France. — 1859 — (Entre les divisions 28 et 29).

LEPOITEVIN (Eugène), peintre. — 1870 — (21).

LE RAY (Julien-Luc), contre-amiral. — 1840 — (31).

LEVY-ALVARÈS (Daniel), professeur, pendant cinquante ans, du cours d'éducation maternelle, dont il avait été le fondateur. — 1870 — *Cimetière israélite.*

LIBON (Joseph-Albert), directeur général des Postes. — 1877 — (13).

LIVRY (Emma), première danseuse du Grand-

Opéra. — 1863 — Le feu prit à ses vêtements pendant une répétition de la *Muette*. Elle mourut, à la suite de cet accident, à l'âge de 24 ans (31).

LURINE (Louis), homme de lettres, publiciste, romancier. — 1860 — *Histoire secrète et publique de la police ancienne et moderne, les Rues de Paris*, etc. (1).

M

MAC-MAHON (Jean, comte de), colonel, consul de France. — 1849 — (19).

MARC (Charles-Chrétien-Henri), médecin de Louis-Philippe Ier. — 1840 — *De la Folie considérée dans ses rapports avec les questions médico-judiciaires* (15).

MARRAST (Armand), publiciste de la *Tribune* et du *National*, député, membre du gouvernement provisoire en 1848, président de l'Assemblée constituante. — 1852 — *Constitution de 1848* (21).

MARTHONIE (François-Léon, comte de la), général. — 1829 — (19).

MASSE. [A] Tombe surmontée d'un joli groupe d'enfants, par Jouffroy (29).

MASSIMINO (Frédéric), compositeur de musique. — 1838 — *Nouvelle méthode pour l'enseignement de la musique* (2).

MAZEAU (baron de), intendant militaire. — 1829 — (19).

MENNEVAL (Claude-François, baron de), historien, chef du cabinet de Napoléon Ier. — 1850 — *Lettre à M. Thiers sur quelques points de l'Histoire de Napoléon Ier*. Inhumé dans le mausolée colossal de la famille Blasini (19).

MÉRY (Joseph), littérateur, romancier, poète. — 1866 — *Eva, Napoléon en Egypte, le Fils de l'homme*, etc. Statue et médaillon (28).

MIERZEJEWSKI (Nicolas), chef de l'insurrection de Nowogrodek. — 1856 — (17).

MILLAUD (Moïse), financier, fondateur de plusieurs journaux. Inaugura, avec le *Petit Journal*, dont le tirage est aujourd'hui de 500,000 exemplaires, la presse à cinq centimes le numéro. — 1871 — *Cimetière israélite.*

MOCQUARD (Jean-François), chef du cabinet de Napoléon III. — 1864 — (31).

MOGES (Alphonse de), vice-amiral, gouverneur de la Martinique. — 1850 — (30).

MONTMORENCY-LUXEMBOURG (Anne-Françoise de). — 1830 — Obélisque (29).

N

NAUDET (Jean-Aimé), général. — 1847 — (13).

NEFFTZER. [A] Très-belle statue en bronze par Bartholdi (28).

NIQUET (Paul), marchand de vins, traiteur, propriétaire du cabaret dont il est question dans les *Mystères de Paris*, par Eugène Sue (28).

O

ODRY (Jacques-Charles), excellent comique des Variétés. — 1853 — *Les Saltimbanques*, etc. (26)

P

PALMIER, docteur en médecine. [A] Buste (19).

PELLETAN (Fanny). — 1876 — *Œuvres inachevées de Glück* (21).

PELLETIER (Jules), président de la Cour des comptes, jurisconsulte, membre de l'Institut. — 1875 — (29).

PELOUZE (Théophile-Jules), chimiste, membre de l'Académie des sciences. — 1867 — (27).

PENNAUTIER (comte de), député au Corps législatif. — 1855 — (27).

PEREIRE (Jacob Rodrigues), premier instituteur des sourds-muets en France. — 1780 — et

PEREIRE (Jacob Émile Rodrigues), célèbre financier, député. — 1875 — *Chemins de fer du Nord, du Midi ; Crédit foncier, Crédit mobilier*, etc. — *Cimetière israélite.*

PERSIANI (Giulia Delannoy), célèbre cantatrice, née à Rome. — 1846 — (1).

PERRODON, général. — 1872 — (31).

PETIT (Marie-Louise), lauréat du Conservatoire de Marseille. [A] Joli monument, buste (29).

PLANARD (F.-L.-Antoine de), auteur dramatique. — 1853 — Libretti du *Pré aux Clercs*, de *l'Éclair*, du *Curieux*, etc. (19).

PLESSIS (Alphonsine) (La Dame aux Camélias), inspira à Dumas fils son roman intitulé *la Dame aux Camélias*. — 1847 — Sur la tombe une couronne de camélias blancs (15).

POLIGNAC (Alphonse-Armand), officier d'artillerie, écrivain. — 1863 — Traduction de *Faust* (26).

POLONAIS (Tombe des exilés) dans laquelle sont inhumés (1) [A] :

Swiski (J¹ᵉ), nonce — 1834.

Bronlewski (Joseph), lieutenant-colonel — 1835.

Koslowski (Joseph) — 1853.

Sielecki (Jean) — 1843.

Bronikowski (Xavier), préfet — 1852.

Sznaydé (François), général — 1850.

Sierawski (Julien), général — 1849

Fialkowski (Joseph), colonel — 1846.

Kotarbinski (Jean) — 1852.

Stempowski (Léon), maréchal — 1855.

Potocki (Joseph, comte), major — 1831.

Dabrowski (J.-Paul) — 1851.

Katski (Grégoire) — 1844.

Dziewolski (Jean) — 1853.

Biernacki (Aloïse), ministre des finances — 1854.

Wasilewski (l'abbé J.-B) — 1854.

Klemczynski (Julien) — 1854.

Stempowski (Léon) — 1854.

Dziekonski (Joseph) — 1855.

Zaliwski (Joseph), colonel — 1855.

Kralewski (comte Ladé), capitaine — 1856.

Suehodolski (Valentin) — 1852.

POLONAIS (Tombe des exilés) dans laquelle sont inhumés (1 b) :

Piotrowski (Jean), volontaire — 1847.
Gawarecki (François) — 1848.
Szwarce (Joseph), lieutenant — 1848.
Ostrowski (Louis) — 1848.
Kozminski (Jean), lieutenant. — 1848.
Stypulkowski (Lucien) — 1849.
Rataiski (Victor), médecin — 1845.
Bielecki (Ladislas), lieutenant — 1846.
Koszkiewicz (Félix), colonel — 1847.
Pogonowski (Pierre), capitaine — 1847.

POLONAIS (Tombe des exilés) dans laquelle sont inhumés (1 c) :
Jaworski (O.), capitaine — 1858.
Jakubowsky (Henri) — 1854.
Korylski (L.), mathématicien — 1857.
Zawadzki (F.-X.), médecin — 1846.
Kordecki (Louis), professeur — 1858.
Mierzejewski (Nicolas), capitaine, chef de l'insurrection — 1856.
Smolikowski (Alexandre) — 1831.
Lopacinski (Casimir) — 1857.
Lagowski (Pierre), colonel — 1843.
Szaniecki (Jean), député, ministre — 1840.
Paszkowicz (Casimir) — 1845.
Starzynski (Antoine) — 1846.

Paprocki (Casimir), colonel — 1857.
Alcyato (Jean), officier — 1855.
Gorecki (Antoine) — 1858.
Nabielak (Charles) — 1854.
Marsjewski (Joseph), capitaine — 1858.
Bolewski (Casimir) — 1854.

POLONAIS (Tombe des exilés) dans laquelle sont inhumés (1 d) :
Giedroye (Joseph), prince-officier — 1849.
Brzezinski (Alexandre), officier — 1848.
Lanckoronski (Antoine, comte), colonel — 1850.
Ramotowski (Arthur) — 1850.

POLONAIS (Tombe des exilés) dans laquelle sont inhumés (13 e) :
Wroniecki (Antoine), général — 1838.
Hlusniewicz (Antoine), nonce — 1861.
Lelewel (Joachim) — 1861.
Bukiell (Thomas), porte-enseigne — 1860.
Zawirski (Valérien), major — 1861.
Kisielewski (Ignace), officier — 1861.
Golembiowski (Joseph) — 1861.
Borkowski (l'abbé Georges) — 1861.
Iwanowski (Jean), capitaine — 1860.
Grothuz (Eustache), colonel — 1858.

Janowicz (Aloïse), lieutenant-colonel — 1849.

Bielecki (Richard) — 1820.

Wesolowski (Alexandre), officier — 1859.

Zwierkowski (Valentin), major — 1859.

Jalikowski (Alexandre), docteur en médecine — 1860.

Tomaszewicz (Valérien) — 1860.

PONCET (Jules), explorateur de l'Afrique équatoriale. — 1873 — (29).

PONS (marquis de), général, ambassadeur (13).

PONSON DU TERRAIL (Pierre-Alexis de Ponson, écrivit sous le nom de vicomte), romancier. — 1871 — *Rocambole, les Bohêmes de Paris*, etc. (18).

PRIOLA (Marguerite Polliard, née), artiste dramatique. — 1876 — (20).

Q

QUEIGNARD DE VALDENÉ, secrétaire de Charles X (31).

R

RAMOND (Louis-François, baron), conseiller d'État, membre de l'Institut. — 1827 — (19).

RAPATEL (Paul-Marie), général. — 1852 — (21).

RÉCAMIER (Jeanne-Françoise-Julie-Adélaïde), célèbre par sa beauté et son amitié avec des hommes illustres, et surtout par la société qu'elle réunissait dans ses salons. — 1849 — et

BALLANCHE (Pierre-Simon), philosophe, moraliste. — 1847 — (30).

REINHART (Charles-Frédéric, comte), diplomate, pair de France. — 1837 — (14).

RÉMON (baron), général. — 1843 — (31).

RITT (Georges), mathématicien, inspecteur général de l'Université. — 1864 — (3)

ROBBRECHTS (André), violoniste. — 1860 — Médaillon (18).

ROBILLARD (Jules, baron), président de la Société de secours mutuels d'Épernay (18).

ROLIN (Alexandre-Alban), général, adjudant général du palais sous Napoléon III. — 1869 — (3).

ROLL (Pierre-Gaspard), compositeur de musique. — 1851 — *Ogier le Danois*, opéra, etc. (33).

ROQUEPLAN (Joseph-Étienne-Camille ROCOPLAN, dit), peintre. — 1855 — et son frère

ROQUEPLAN (Louis-Victor-Nestor), publiciste et administrateur, rédacteur en chef du *Figaro*, directeur de l'Opéra. — 1870 — *Coulisses de l'Opéra, Regain de la Vie parisienne* (21).

ROUVIÈRE (Philibert), de la Comédie française, peintre. — 1866 — Médaillon et bas-relief de Préault (26).

ROYER-COLLARD (Hippolyte-Louis), médecin, frère de Pierre-Louis COLLARD, membre de l'Académie de médecine, professeur à la Faculté. — 1852 — (21).

S

SAINT-ÉLOY (Mélanie). [A] (16).

SAISSET (Edgard de), lieutenant de vaisseau, tué à l'ennemi — 1871 — (21).

SANÉ (Jacques-Noël, baron), ingénieur, membre de l'Institut, inspecteur du génie maritime. — 1831 — (19).

SANSON (Charles-Henri), exécuteur des arrêts criminels pendant la Révolution. Exécuta Louis XVI. — 1793 — Cénotaphe élevé par SANSON (Henri), exécuteur des hautes-œuvres, exécuta Marie-Antoinette. — 1840 — (20).

SARRETTE (Bernard), un des fondateurs et administrateur du Conservatoire de musique en 1789. — 1855 — (30).

Les membres du Conservatoire prirent le 2 germinal an III une résolution par laquelle ils arrêtèrent qu'un monument attestant leur gratitude serait élevé à Bernard Sarrette, auquel ils devaient la fondation et la conservation de l'établissement. Les évènements avaient empêché de donner suite à cette résolution. Le ministre d'État décida, en 1858, qu'un buste en marbre du digne citoyen serait exécuté aux frais de l'État et placé dans une des salles du Conservatoire.

SAXE-COBOURG-GOTHA (prince de). — 1832 — (29).

ÉPITAPHE :

« Les princes assis sur leurs tribunaux m'ont jugé. Les méchants m'ont poursuivi, ils m'ont tué. »

SCHELCHER. Sépulture de famille, malencontreusement élevée trop près du tombeau de Gauthier, dont elle atténue l'effet, après avoir pris la place d'un arbre magnifique qui ombrageait la tombe du poète aimé et regretté (3).

SEGONZAC vicomte de), contre-amiral.— 1826 — (30).

SÉGUR (comtesse de), et

SÉGUR (Philippe-Paul, comte de), général, historien. — 1872 — *Histoire de Napoléon et de la Grande armée* (19).

SEVELINGES (Alfred de), général — 1872 — (13).

SEVESTE (Jules-Didier), de la Comédie française, tué en combattant pour la France — 1870 — (19).

SOCHET (Prix-Charles), directeur des Constructions navales, ingénieur. — 1864 — (14).

SOUMET (Alexandre), poète, membre de l'Académie. — 1834 — *La Divine épopée, Jeanne d'Arc* (20).

SPARRE (Louis-Ernest, comte), général, pair de France. — 1845 — (20).

STOLZ. Sépulture de famille (21).

STORKS (Henry). [A] (28).

T

THÉAULON DE LAMBERT (Marie-Emmanuel, baron de), général. — 1839 — (20).

THÉVENOT DE SAINT-BLAISE (François, baron), premier chirurgien de Louis XVIII et de Charles X. — 1849 — (16).

THIBOUST (Antonin-Albert), écrivain, auteur dramatique. — 1867 — Médaillon et bas-relief par Meusnier. Le Théâtre laisse tomber sa marotte, l'Amitié grave l'inscription du monument. *Les Chevaliers du Pince-Nez*, etc. (27).

THIERRY (Jean-Baptiste, baron), général. — 1846 — (13).

TOUSEZ (Alcide), artiste comique. — 1850 — (1).

TROYON (Constant), peintre de genre, paysagiste. — 1865 — *La Foire limousine, la Vallée de la Touque.* Médaillon (27).

V

VERNET (Antoine-Charles-Horace dit Carle), peintre d'histoire et de batailles. Fils de Claude Vernet, peintre célèbre, et père d'Horace Vernet. — 1836 — *Batailles de l'Empire,* etc. Simple dalle affleurant le sol et cachée par des arbustes, à côté de la tombe du général Digeon (21).

VÉRY (Jean-Baptiste), restaurateur célèbre dont le nom est cité dans plusieurs ouvrages. — 1809 — (16).

VIDIE (Lucien), inventeur des baromètres et manomètres métalliques. — 1866 — (27).

VIEL (Victor), architecte. — 1863. — *Palais de l'Industrie* (14).

VIGNY (Alfred, comte de), poète, auteur dramatique, membre de l'Académie. — 1863 — *Cinq-Mars, Chatterton* (13).

VINCENT (baron), général. — 1844 — (31).

VITET (Ludovic), écrivain, homme politique,

membre de l'Académie, député, conseiller d'État. — 1873 — *La Ligue, les États de Blois* (19).

VIVIER (baron du), général. — 1854.

VUILLAUME (Jean-Baptiste), célèbre luthier. — 1875 — Chapelle Alard et Villaume (1).

W

WAGNER (Jean), célèbre horloger, président du Conseil des prud'hommes. — 1875 — (30).

WARD. [A] Magnifique Christ en bronze (26).

Z

ZABRZEWSKY (Valentin), homme de lettres. — 1862 — (2).

Paris - Cimetières   par Edward FALIP

**CIMETIÈRE DU NORD
MONTMARTRE
1re PARTIE**

DEUXIÈME PARTIE

Avenues : de Montmorency, du Puits, Circulaire, des Anglais, du Peuplier, des Carrières, du Tunnel, Cordier, de Montebello.

Divisions : 4, 5, 6, 7, 8, 9, 10, 11, 12, 22, 23, 24, 25.

A

ABRANTÈS (Laure-Adélaïde-Constance de PERMON-COMÈNE, duchesse d'), femme du général Junot, écrivain et publiciste. — 1838 — *Mémoires sur Napoléon, Histoire des Salons de Paris* (22).

ACHARD (Adolphe), acteur du Palais-Royal, comique français. — 1856 — (9).

ADAM (Adolphe), compositeur de musique, publiciste, critique d'art, membre de l'Institut, professeur au Conservatoire. — 1856 — *Le Chalet, le Postillon de Lonjumeau*, etc. Buste de Duret exécuté en bronze sur le portrait du même auteur, fait par la galvanoplastie (5), et

MOREAUX (Edmond-Léopold), gendre d'Adam, volontaire, tué au combat de l'Hay. — 1870.

ALLAIN (Jean-Hippolyte), administrateur du Bureau de bienfaisance. — 1874 — (6).

ANCESSY (Pierre), premier violon solo à l'Odéon. — 1835 — (5).

AUVITY, général. — 1860 — (12).

AVENEL (Aline), de la Comédie française. — 1857 — (23).

AYCARD (Benoit-Marie), littérateur, romancier. — 1859 — *Agib, Mademoiselle Potain*, etc. (9).

B

BAZAINE. Sépulture de famille (4).

BÉNAZET (Théodore), publiciste. — 1846 — (25).

BÉRARD (Jacques) [A], administrateur de la Compagnie des Indes. — 1836 — (22).

BERLIOZ (Hector), compositeur de musique, critique d'art, membre de l'Institut, bibliothécaire du Conservatoire. — 1869 — *Les Troyens, Requiem*, etc. (7).

BINEAU (Jean-Martial), sénateur, ministre des Travaux publics. — 1855 — *Conversion de la Rente, Refonte des monnaies de bronze, Emprunt de 1854* (6).

BLACHE (Jean-Gaston), docteur en médecine, président de l'Académie de médecine. — 1871 — (4).

BOISLECOMTE (Alexandre-Joseph, vicomte de), général. — 1873 — (5).

BONJOUR. [A] (25).

BOUGAINVILLE (Louis-Adolphe, vicomte de), général. — 1854 — (24).

BOURBON (Don Ricardo de), duc de San-Ricardo, frère du Roi d'Espagne. — 1873 — (22).

BOUZET (Charlotte Bouvet, baronne du), première surintendante de la maison impériale de Saint-Denis. — 1853 — (5).

BRASCASSAT (Jacques-Raymond), peintre de paysages, membre de l'Institut. — 1867 — (8).

BRIOT (Armand-Sébastien), curé de Saint-Philippe-du-Roule. — 1861 — (7).

BRUZZESI. [A] (22).

BUENARROTTI (Philippe), homme politique. — 1837 — Médaillon de David, — et TESTE (Ch.-Ant.), Médaillon de Poitevin (25).

C

CARAFA DE COLOBRANO (Michel-Henri, baron), ancien militaire, compositeur de musique, membre de l'Institut. — 1872 — *Masaniello, la Prison d'Édimbourg* (7).

CAUSSIDIÈRE (Marc), représentant du peuple, préfet de Police en 1848. — 1861 — (25).

CAVÉ et LEMAITRE. [A] Monument en fonte de fer d'un aspect bizarre (25).

CAZOT (Félix), compositeur de musique, membre de l'Institut. — 1812 — Attributs de la musique (25).

CHAIX (Alban-Napoléon), imprimeur. — 1867 — *Guides* et *Indicateur des chemins de fer* (22).

CHEVALIER (Charles), ingénieur opticien. — 1859 — *Perfectionnements aux instruments d'optique* (5).

CLARAC (Otton-Frédéric, comte de), conservateur des antiques du Louvre, membre de l'Institut. — 1847 — (9).

CLAUDIN (Ferdinand), fondateur et président de la Société des Arquebusiers de Paris. — 1860 — (24).

COLON (Marguerite-Jenny LEPLUS, dite Jenny), artiste dramatique. — 1842 — (25).

CURMER (Léon), éditeur de magnifiques ouvrages illustrés. — 1870 — (4).

D

DAMIRON (Jean-Philippe), philosophe, professeur

de philosophie à la Faculté des lettres de Paris, membre de l'Institut. — 1862 — *Essai sur l'histoire de la philosophie* (8).

DASH (Gabrielle de CISTERNES, comtesse), écrivain, romancière. — 1872 — *Comment tombent les femmes.* Médaillon (23).

DAVIEL (Alfred), jurisconsulte, sénateur, ministre de la Justice. — 1856 — (25).

DEBAIN (Alexandre), mécanicien, célèbre facteur d'orgues et d'harmoniums. — 1877 — .

DEBRET (Jean-Baptiste), artiste, membre correspondant de l'Institut. — 1848 — (7).

DELAROCHE (Paul), peintre d'histoire. — 1856 — *Les Enfants d'Édouard, Cromwell.*

DELAROCHE (Anne). Joli monument gothique, derrière le mausolée de Soltikoff (4).

DELOFRE (N.), contre-amiral. — 1864 — (9).

DESNOUY (Jean-Marie), artiste de l'Opéra-Comique. — 1843 — (22).

DIETSCH (Pierre-Louis), maître de chapelle de la Madeleine, compositeur de musique, directeur de l'École de musique religieuse. — 1865 — Buste (6).

DUBOIS DU BAIS. [A] (22).

DUCANGE (Victor), romancier, auteur dramatique. — 1833 — *Thérèse ou l'orpheline de Genève*, etc. (9).

DUPREZ. Sépulture de famille (12).

F

FORCADE DE LA ROQUETTE (Jean-Louis-Adolphe). administrateur, député, ministre. — 1874 — (24).

FOUCAULT (Bernard-Léon), physicien, membre du Bureau des longitudes, de l'Académie, de l'Institut. — 1868 — *Microscope photo-électrique, Pendule* (7).

FOULON (François-Joseph), musicien, inspecteur des Écoles de chant. — 1875 — (25).

FOURIER (François-Marie-Jules), chef de doctrine sociale. — 1837 — *Théorie des quatre mouvements, Traité de l'association industrielle et agricole* (23).

G

GARAUDÉ (Magdalvée de), inspecteur général des Salines royales. — 1842 — (22).

GARNERAY (Louis), peintre de marines, écrivain. — 1858 — *Les Pontons ou Dix ans de captivité* (7).

GAUTIER (Alexandre, baron), général. — 1874 — (5).

GAUTIER (Jean-Elie), sénateur, sous-régent de la Banque de France. — 1858 — (25).

GILBERT (Émile), architecte, membre de l'Institut. — 1874 — (12).

GILLANT (Camille), chef de bataillon, tué à Champigny. — 1870 — (23).

GIRARDIN (Delphine de GAY, de), poète, romancière, auteur dramatique, mariée à Émile de Girardin. — 1855 — *Essais poétiques, le Lorgnon, la Joie fait peur, le Chapeau d'un horloger* (12).

« On mettra sur ma tombe une croix pour seul ornement. »

GUÉHÉNEUC (Charles-Louis), général. — 1842 — (4).

GUMERY (Alphonse), statuaire. — 1871 — *Retour de l'enfant prodigue* (8).

H

HASE (Charles-Benoit), littérateur, conservateur de la Bibliothèque nationale, membre de l'Institut. — 1864 — (23).

HITTORF (Jacques-Ignace), architecte. — 1867 —

Église de Saint-Vincent-de-Paul, le Grand Cirque (4).

HOUSSAYE. Sépulture de famille (4).

HUREL (François, baron), général. — 1847 — (24).

I

ISAMBERT (F.-A.), avocat, secrétaire de la Société pour l'abolition de l'esclavage, député. — 1857 — Buste et bas-reliefs (11).

J

JADIN (Louis-Emmanuel), compositeur de musique. — 1853 — *Annette et Lubin* (10).

JALLOIS (J.-B.-P.), ingénieur en chef, secrétaire de la commission des monuments d'Égypte. — 1842 — (12).

JARS (Gabriel), officier du génie, maire de Lyon, député du Rhône. — 1827 — (22).

JERZMANOWSKI (Jean-Paul, baron), général, compagnon de Napoléon Ier à l'île d'Elbe. — 1862 — (7).

JOIGNY (François), écrivain. — 1835 — (5).

K

KAMIENSKY (Miécislas), volontaire polonais, tué à Magenta. — 1859 — Statue de Franceschi, sculpteur ; Eck et Durand, fondeurs (5).

L

LAFERRIÈRE (Adolphe), artiste dramatique. — 1877 — (25).

LANNES, duc de Montebello, maréchal de France. Repose au Panthéon ; le cœur seul est dans le cénotaphe. Le maréchal a été tué à Essling en 1809, — et

LANNES (Napoléon-Camille-Jean), duc de Montebello, général. — 1876 — (4).

LAYA (Jean), écrivain, auteur dramatique, président de la Société des auteurs et compositeurs. — 1872 — *Le duc Job* (23).

LECOUPÉ (Louis-Jean-Baptiste), contre-amiral. — 1840 — (25).

LEDAGRE (Nicolas-François), président du Tribunal de commerce de la Seine. — 1857 — Obélisque (24).

LEPÈRE (Jean-Baptiste), architecte, inventeur d'un procédé pour sculpter le granit aussi facilement que la pierre. — 1844 — *Saint-Vincent-de-Paul* avec Hittorf, *colonne Vendôme* en 1805. Dans la même tombe que Hittorf (4).

LE TELLIER DE VALAZÉ (Charles), général, ministre de la Guerre. — 1876 — (10).

LEVASSEUR (Nicolas-Prosper), artiste du Grand-Opéra, professeur au Conservatoire. — 1873 — Médaillon par Salmon (25).

M

MAILLART (Aimé), compositeur de musique. — 1871 — *Gastibelza, les Dragons de Villars* (5).

MAISONFORT (Maximilien Dubois des Cours, marquis de la), général. — 1848 — (5).

MANRY (Charles), compositeur de musique sacrée. — 1866 — (5).

MICHEAU (Auguste-Napoléon), de la Comédie française. — 1851 — (24).

MILLET (Frédéric), peintre de portraits. — 1859 — (22).

MONROSE (Claude-Louis Barizain, dit), de la Comédie française, auteur dramatique. — 1843 — *L'Obstacle imprévu*, etc. (22).

MONTÈS (l'abbé), aumônier général des prisons. — 1856 — (25).

MOZIN (Théodore), compositeur de musique, professeur au Conservatoire. — 1850 — *Œuvres de musique classique* (4).

MOZIN (Charles), peintre. — 1852 — (5).

MURGER (Henri), romancier, poète. — 1861 — *La Vie de bohême, le Pays latin*, etc. Statue de la Jeunesse par Millet (5).

N

NIEDERMEYER (Louis-Abraham), compositeur de musique, fondateur de l'École de musique religieuse. — 1851 — *Le Lac, l'Isolement*, etc. (9).

NOURRIT (Adolphe), chanteur du Grand-Opéra. — 1839 — (22).

O

ODIOT (Alphonse), orfèvre, protecteur des Arts. — 1850 — (7).

OHNET (Léon), architecte. [A] — 1874 — (4).

P

PLANCHE (Gustave), critique d'art. — 1857 — (5).

ÉPITAPHE :

« Il a vécu sur des épines, qu'il repose entouré de fleurs. »

POLONAIS (Tombe des exilés), dans laquelle sont inhumés :

Borowski (Ladislas), capitaine — 1866.

Jolowicki (Nicolas), officier — 1867.

Zugarzewski (Stanislas), colonel — 1867.

Pienkowski (Adolphe), professeur à l'École polonaise — 1867.

Beresniewicz (Joseph), médecin — 1866.

Lipowski (Joseph), colonel — 1866.

Gawronski (André), colonel — 1869.

Antoniewicz (Marie). — 1864.

Popiel (Adolphe), intendant — 1866.

Tomaszewicz (Mathilde) — 1861.

Olaj (François), officier — 1866.

Giusewski (Jules), chef de l'insurrection — 1865.

Ledochowski (Jean, comte), capitaine — 1864.

Bockowski, capitaine. — 1865.

Koroinowski (Galixte), major — 1864.

Brzezanska (Anne) — 1864.

Paprzycki (Ladislas), volontaire — 1863.

Koutska (Anne de) — 1865.

Jordan (Sigismond de Zakliczyn), général — 1866.

Niemceswicz (Charles), maréchal — 1867.

POLONAIS (Tombe des exilés), où sont inhumés (8 b.) :

Slubicki (Vincent), colonel — 1867.

Morozewicz (Kalixt), député — 1872.

Hebda (Stanislas), chef de division — 1868.

Fontana (Jules), officier, pianiste, compositeur de musique — 1870.

Karwowski (Jean), député — 1870.

Janowski (Stanislas), caissier général — 1871.

Dombrowski (Michel), capitaine — 1869.

Kessler (Ladislas), membre du gouvernement national — 1867.

Koutski (Charles de), membre de l'Académie — 1867.

Podhorski (Eugène) — 1867.

Romanowski (l'abbé Nicolas) — 1865.

Szulczewski (Félix) — 1868.

Zaleski (Constantin), capitaine — 1867.

Chelchowski (Walérien) — 1872.

PRUDENT (Racine Gaultier, dit Emile), pianiste et compositeur. — 1856 — *L'Hirondelle, Souvenirs de Schubert.* Médaillon (22).

Q

QUÉRANGAL (Pierre-Maurice), contre-amiral. — 1840 — (9).

R

RICARD (Gustave), peintre. — 1873 — *La Jeune Bohémienne, Portrait de M. Troplong.* Monument très-élégant. Dupré, architecte; buste par Feru (23).

RIGNY (Henry-Marie Gautier, comte de), vice-amiral, ministre de la Marine. — 1835 — (4).

RIPA (Nicolas-Marie di), duc de Campochiaro et de Castelpagano. — 1858 — (7).

RIVERO Y USTASRIZ (don Mariano-Eduardo), consul général du Pérou. — 1857 — (11).

ROCHEFORT (Camille, comte de), général, inspecteur général de cavalerie. — 1863 — (8).

ROMAGNESI (Henri), compositeur de musique. — 1850 — *Romances* (9).

ROSILY (marquis de). Sur le mausolée, le blason du marquis, sur lequel on lit cette devise (22) :

« Point gehennant, point gehenné. »

ROUSSET (Charles), lieutenant, mort au champ d'honneur. — 1871 — (7).

RULLIÈRE (Joseph-Marcellin), général. — 1863 (5).

S

SAMSON (Joseph-Isidore), de la Comédie française, professeur au Conservatoire. — 1871 — Buste par Crauk (22).

SCHEFFER (Auguste-Ary), peintre. — 1858 — *Sainte Monique, Françoise de Rimini.* Chapelle ornée de fresques et d'une statue représentant la *Résurrection de Lazare* (22).

Les dépouilles mortelles du célèbre patriote italien Daniel MANIN, mort en exil à Paris, en 1857 ; celles de Thérésa MANIN, sa femme, et d'Émilia leur fille, décédées en 1854, reposaient dans cette chapelle :

Aspettando in esperanza della patria. (Attendant avec espoir leur retour dans la patrie.)

Elles ont été transférées à Venise.

SLOWACKI (Charles), poète polonais. — 1849 — (7).

SIMON (Fortuné), curé de Saint-Eustache. — 1873 — Médaillon par Thabard (23).

SOLTIKOFF (princesse de). [A] (4).

T

THIERRY (Augustin). Sépulture de famille (22).

THOMINE (Pierre-Paul), sculpteur-ciseleur, créa

et installa la première fabrique de bronze en France. — 1843 — Buste (9).

TOUSSAINT (Armand), statuaire. — 1862 — Médaillon de Gulmry (23).

TRAVOT (Jean-Pierre), général. — 1836 — (12).

TUFFIAKIN (le prince Pierre), maître de la cour de l'empereur de Russie (4).

V

VANDEN-BERGHE (Auguste), peintre d'histoire — 1853 — (6).

VARNER (Antoine-François), auteur dramatique. — 1854 — *L'Académicien de Pontoise, la Sœur de Jocrisse* (5).

VERNET (Jean-Émile-Horace), fils aîné de Carle, peintre de batailles, membre de l'Institut. — 1863 — *Bataille d'Isly, Prise de la Smala.* Tombeau par Constant Dufeux, architecte(5).

VESTRIS (Marie-Jean-Augustin VESTRI, dit), maître de ballets et danseur du Grand-Opéra. — 1842 — Et VESTRIS (Jeanne-Marie, née THUILLIER), artiste dramatique (5).

VICHERY (Louis-Joseph, baron), général. — 1841 — (24).

W

WARKOWICZ (Valentin), peintre polonais. — 1842 — (23).

WALSH (Isidore-Félicité Login de Lagerie, comtesse de). — 1860 — [A] (7).

Z

ZEUNER (Charles Trogautt), pianiste et compositeur de musique. — 1841 — *Concertos* (22).

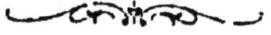

Paris-Cimetières   par Edward FALIP.

CIMETIÈRE DU NORD
MONTMARTRE
2me PARTIE.

CIMETIÈRE DU SUD

MONTPARNASSE

Ce cimetière est situé sur le boulevard de Montrouge ; on peut prendre, pour aller le visiter, les omnibus de : Ménilmontant à la gare Montparnasse, Montmartre au boulevard de Port-Royal, Place du Maine au chemin de fer du Nord ; les tramways de : l'Étoile à la gare Montparnasse, la Bastille à la même gare, et Saint-Germain-des-Prés à Fontenay.

Ce lieu de repos est établi sur un plan très-régulier, ce qui n'empêche pas les recherches d'y être d'une certaine difficulté, surtout dans les massifs situés autour du rond-point. Il fut créé en 1804 pour suppléer à l'insuffisance du cimetière de Vaugirard, lorsque l'accroissement de la population, sur la rive gauche de la Seine, exigea un lieu de sépulture plus vaste. On l'établit sur des terrains situés entre la chaussée de Montparnasse et celle du Maine. La première inhumation y eut lieu en 1824. Le cimetière de Vaugirard, fermé depuis longtemps, vient de disparaître sous des constructions particulières.

Nous avons divisé, pour décrire le cimetière du

Sud, le plan général des massifs en trois parties, séparées entre elles par des lignes croisées.

Comme nous l'avons déjà fait pour le Père-Lachaise et le cimetière de Montmartre, nous ne nous occupons dans cet ouvrage que des concessions perpétuelles, la position des autres concessions pouvant être modifiée d'un moment à l'autre.

Le cimetière de Montparnasse a longtemps été le dernier asile des condamnés dont la tête est tombée sous le glaive de la loi. Fieschi, Pépin, Morey, Alibaud, etc., y sont inhumés; Lapommeraye est venu les y rejoindre. L'herbe couvre aujourd'hui leurs sépultures sur lesquelles la loi interdit toute indication.

Deux cimetières réservés aux Israélites ont été successivement établis dans l'enceinte du cimetière du Sud; ils sont fermés les samedis.

La lettre [A] indique les sépultures remarquables seulement au point de vue artistique.

Paris - Cimetières Edward FALIP.

CIMETIÈRE DU SUD-MONTPARNASSE Plan d'ensemble.

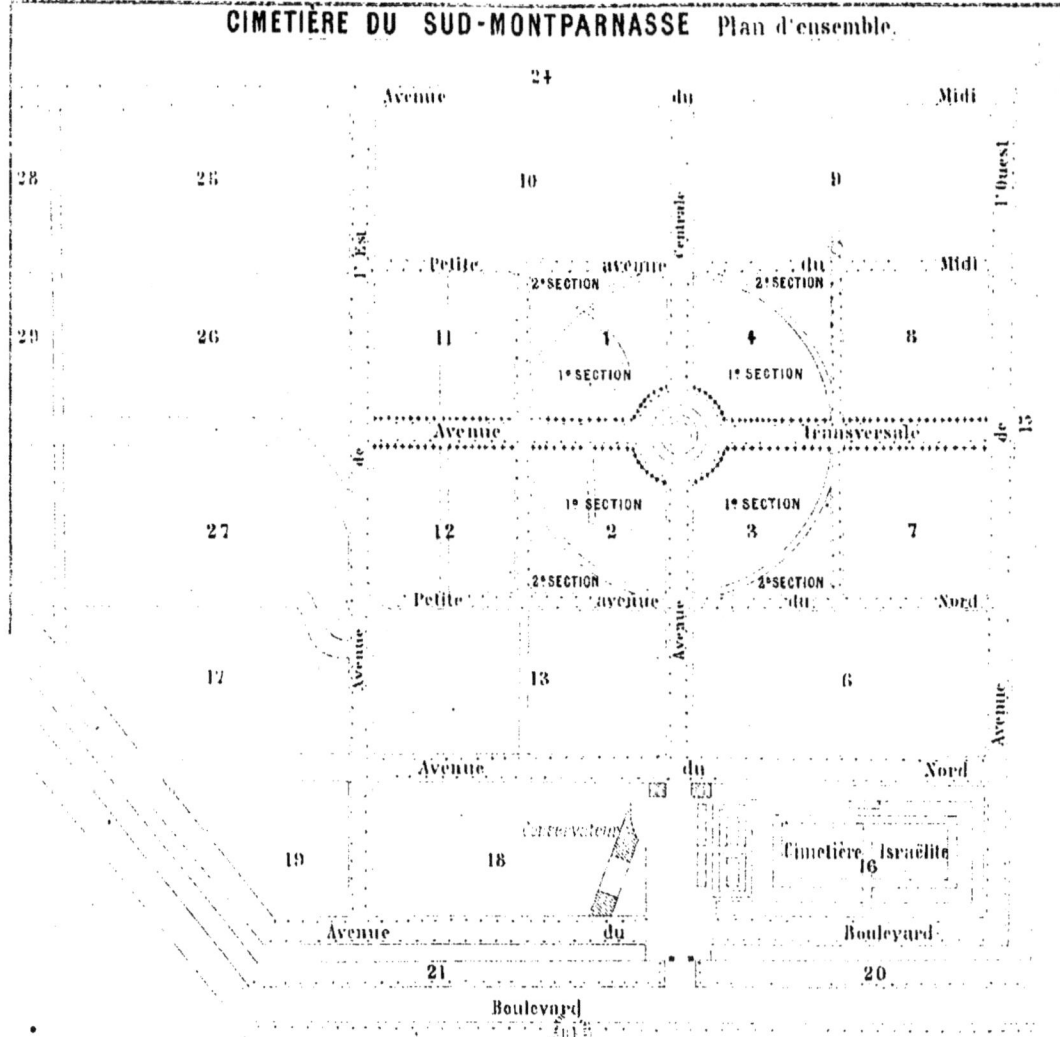

PREMIÈRE PARTIE

Divisions : 2, 3, 6, 7, 15, 16, 18, 20, 21.

Avenues : du Boulevard, du Nord, de l'Est (partie), de l'Ouest (partie), Transversale, petite avenue du Nord.

A

ABBOVILLE (Charles-Édouard), général. — 1871 — Mort en combattant pour la patrie (2).

AGUESSEAU (J.-B., comtesse d'). Sépulture de famille renfermant la dépouille de la veuve du comte de Ségur, dernière du nom. — 1847 — (2), et

AGUESSEAU (Henri, marquis d'), pair de France, petit-fils du chancelier d'Aguesseau, dernier du nom.

ALIGNY (Claude-Félix d'), peintre paysagiste, directeur du musée de Lyon. — 1871 — Monument funéraire par Etex (18).

ALLIÉ (Adolphe), docteur en médecine. — 1868 — Buste (20).

AMOROS (François), colonel espagnol, introducteur de la Gymnastique dans l'éducation en France. — 1848 — (7).

ANSART (Félix), inspecteur de l'Université, géographe. — 1849 — (15).

AUPICK (Jacques), général, ambassadeur à Constantinople. — 1857 — (6).

AVOND (Joseph-Auguste), avocat, représentant du peuple. — 1848-1866 — (2).

AVEZAC (Marie-Pascal d'), géographe, secrétaire général de la Société de géographie, membre de la Société ethnologique. — 1875 — *Coup d'œil historique sur la projection des cartes* (6).

B

BALLAND (Joseph), général, commandant l'École d'état-major. — 1876 — (13).

BALTARD (Louis-Pierre), architecte, peintre, graveur. — 1846 — *Paris et ses monuments* (8).

BASTARD D'ESTANG (Henri-Bruno, vicomte de), ancien procureur général. — 1875 — *Les Parlements de France* (2).

BAUDE (baron Jean-Jacques), membre de l'Institut. — 1869 — S'opposa, à la tête des gardes nationales, à la marche du duc d'Angoulême sur Lyon (12).

BARRUEL (Jean-Pierre), chef des travaux chimiques de la Faculté de médecine. Buste (13).

BAUDELAIRE (Charles), poète français, littérateur. — 1867 — *Les Fleurs du mal, les Paradis artificiels,* etc. Inhumé dans la tombe du général Aupick (6).

BAY (Jean de), statuaire, grand prix de Rome. — 1862 — (2).

BENAZET (Octave), écrivain. *Gustave ou l'Instruction des peuples par les souvenirs* (3).

BÉNÉDICTINES (Sépulture des religieuses) (20).

BERGE (baron François-Baudire), général. — 1832 — (3).

BERTIN (Marie-Louis-Armand), journaliste, rédacteur-gérant du *Journal des Débats*. — 1854 — (13).

BERTIN (François-Édouard), journaliste, directeur du *Journal des Débats*. — 1871 — (15).

BESSON. [A] Statue en bronze (12).

BIOT (Jean-Baptiste), physicien et chimiste, professeur au Collège de France, membre du Bureau des longitudes. — 1862 — *Polarisation circulaire* (6).

BIOT (Constant-Édouard), sinologue, membre de l'Institut. — 1850 — (6).

BLOUET (Guillaume-Abel), architecte, membre de l'Institut, professeur à l'École des beaux-arts. — 1853 — *Restauration des thermes d'Antonin* (13).

BOINOD (Jean-Daniel), intendant militaire, compagnon et ami de Napoléon Ier, inspecteur aux revues. — 1842 — (13).

ÉPITAPHE :

« Dans la prospérité comme dans l'exil, il fut le compagnon, le serviteur et l'ami de Napoléon. »

BONJOUR (Casimir), littérateur, auteur dramatique. — 1856 — *Les Deux cousines*, etc. (13).

BONNET (Jules), avocat à la cour d'appel, littérateur. — 1875 — *La Poésie devant la Bible* (6).

BONTEMPS (L.-N.-J.), commissaire général de la Marine. — 1872 — (21).

BORELLY (Charles-Philippe, vicomte de), général. — 1842 — (12).

BOSIO (Jean-François), peintre d'histoire, membre de l'Académie. — 1827 — *Vénus ramenant Hélène à Paris*, etc., et

BOSIO (Astyanax-Scœvola), statuaire, membre de l'Institut. — 1876 — (7).

BOUCHER-DESNOYERS (baron Auguste-Gaspard), graveur, membre de l'Institut. — 1857 — (16).

BOUCICAUT (Jacques-Aristide). — 1877 — Magnifique sépulture, en onyx, du fondateur de l'importante maison du *Bon-Marché* (18). Il débuta comme employé dans la maison du Petit-Saint-Thomas et la quitta en 1852 pour entrer dans celle du Bon-Marché. Au bout de quelques années il devint le chef de cet établissement, auquel il donna, par son ardeur au travail et son esprit entreprenant, une rapide extension. Sa plus grande préoccupation était d'améliorer le sort de ses employés (18).

BOULAY DE LA NEURTHE (Denis), docteur en médecine. — 1838 — (2).

BOUTEVILLE (Marc-Lucien), écrivain. — 1870 — *La morale de l'Eglise et la morale naturelle*. Médaillon (18)

BRAVAIS (Auguste), géomètre, membre de l'Institut. — 1863 — *Voyages dans les régions boréales*, etc. (15).

BRESSON (comte Charles-Joseph), pair de France. — 1847 — (12).

BRIFAUT (Charles), poète, publiciste, membre de l'Académie, rédacteur de la *Gazette de France*. — 1857 — (16).

BULLIER. [A] Buste, bas-relief (18).

BULLIER. [A] Fondateur du bal connu sous ce nom. Médaillon (20).

C

CADORE (Jean-Baptiste de CHAMPAGNY, duc de), pair de France, ancien membre de l'Assemblée constituante, ministre de l'Intérieur et des Affaires étrangères sous le premier empire. — 1834 — (3).

CAMBACÉRÈS (Jules-Édouard de), préfet, secrétaire général du ministère de la police. — 1865 — (12).

CAPURON (Joseph), docteur-médecin, membre de l'Académie de médecine. — 1850 — (6).

CAVEAU DE LA VILLE (18).

CAVENNE (François-André), inspecteur général des Ponts et Chaussées, sénateur. — 1856 — (6).

CAYX (Remy-Jean-Baptiste), historien, recteur de l'Académie. — 1858 — *Histoire du moyen âge*, etc. (6).

CHARRIÈRE (Jean-Marie), célèbre fabricant d'instruments de chirurgie, mécanicien. — 1865 — et

CHARRIÈRE (Joseph-Frédéric-Benoît), fabricant d'instruments de chirurgie. — 1876 — (2).

CHAZAL (Antoine), peintre, professeur au Muséum. — 1854 — *Planches d'anatomie* (2).

CHEVALLIER (Charles-Victorin), inspecteur général des Ponts et Chaussées. — 1873 — (7).

CHORON (Alexandre-Stéphane), compositeur musicographe. — 1834 — *Encyclopédie musicale* (3).

COLIN (Adolphe-Édouard), artiste lyrique de l'Opéra-Comique. — 1872 — (21).

COLLIAT. [A] Tombe très-originale, formée d'un bloc de rocher (13).

CORAY (Adamantius ou Diamant), savant helléniste, l'homme qui, depuis les Lascaris et les Bessarion, a exercé le plus d'influence sur son pays. — 1833.

Le monument sous lequel repose le plus grand historien de la Grèce est une simple colonne sur laquelle est gravée en grec une inscription qu'il avait lui-même composée et dont voici la traduction :

« Je repose en la terre de Paris où je ne suis point né, mais que j'aimais à l'égal de celle qui m'a vu naître. »

Coray est le fondateur de la grande bibliothèque hellénique (2).

CORBIN (Louis-Joseph), général, tué en Italie. — 1859 — (12).

CORDIER DU JURA (Jules), inspecteur général des Ponts et Chaussées, représentant du peuple. — 1849 — (18).

CORIOLIS (Gaspard-Gustave), mécanicien, membre de l'Institut, directeur des études à l'École polytechnique. — 1843 — (12).

COURBON-BLENAC (marquis de), général, tué en Italie. — 1859 — (18).

D

DARDENNE DE LA GRANGERIE (Jean-Baptiste), secrétaire général des Ambulances de la presse pendant la guerre de 1870-1871. Arrêté le 8 avril 1871 comme otage de la Commune, il fut relâché le 19. — 1873 — Architecte du monument, Drevet (18).

DELAHAYE (Marie-Joseph-Adrien), éditeur. — 1875 — (6).

DELALAIN (Jacob-Auguste), éditeur de livres classiques. — 1852 — (6).

DELALAIN (Jules), éditeur de belles œuvres classiques. — 1877 — (7).

DELAMARCHE (Joseph), géographe. — 1845 — (3).

DELANNOY (François), architecte. — 1835 — *Greniers d'abondance, Palais de la Banque de France,* etc. (3).

DEMANTE (Antoine-Marie), professeur à la Faculté de droit. — 1856 — *Cours analytique du Code civil,* etc. (2).

DESCHAMPS (Antoine ou Antony), littérateur, poète. — 1870 — *Journal des Débats* (13).

DESEINE (Jean-Pierre). Sarcophage, renfermant le cœur de Deseine, statuaire, membre de l'Académie de peinture. — 1822 — *Bustes de Louis XVI et de Louis XVIII.* Médaillon (3).

DESSENNE (Alexandre-Joseph), dessinateur. — 1827 — Buste (3).

DESPOIS (Eugène), ancien professeur au collége Louis-le-Grand, journaliste de la *Vie littéraire.* — 1876 — *Les Satiriques latins, les Lettres et la Liberté* (13).

DEVERIA (Jacques-Marie-Achille), peintre. — 1857 — et

DEVERIA (Eugène-François-Joseph), peintre. — 1865 (2).

DEYEUX (Nicolas), pharmacien, chimiste, membre de l'Académie des sciences. — 1837 — Bas-relief par Maindron (3).

DIÉBOLT (Georges), statuaire. — 1851 — *Décoration du pont de l'Alma.* Médaillon par Meslève (12).

DILLON (Roger-Henri), descendant des Dillon d'Irlande. — 1831 — (3).

DORNÈS (Auguste), représentant du peuple. Mort

en 1848 des blessures qu'il avait reçues pendant l'insurrection du mois de juin. Médaillon taillé dans le roc formant la sépulture, par Étex (13).

DORVAL (Marie-Amélie), de la Comédie française. — 1849 — (6). Dans la même tombe :

MERLE (Jean-Toussaint), auteur dramatique, publiciste. — 1852.

DRÉE (Étienne de), député, membre de plusieurs Sociétés savantes. — 1846 — (7).

DROLLING (Martin-Michel), peintre d'histoire, membre de l'Institut, professeur à l'École des beaux-arts. — 1851 — *La Mort d'Abel, Décoration de l'église Saint-Sulpice*, etc. (13).

DROZ (François-Xavier), membre de l'Académie française et de l'Académie des sciences morales et politiques. — 1850 — (12).

DUFRAISSE (Marc), ancien professeur, représentant du peuple en 1848, ancien préfet, homme de lettres. — 1876 — *Ce que coûte l'Empire*, etc. (6).

DUFRÉNOIS. [A] Médaillon par Gourdel (12).

DUPRÉ (Louis), peintre d'histoire. — 1837 — *Homère au tombeau d'Achille, Saint Médard couronnant la rosière.* Buste (13).

DUROUCHOUX (Paul-Marie), capitaine de la garde

nationale de la Seine, mort pour la défense de l'ordre et de la liberté. — 1871 — (10).

DUVERNOIS (Alexandre-Clément), homme de lettres, journaliste, rédacteur de la *Gazette*. — 1876 — (13).

DUVIVIER (Réné-Charles), général. — 1862 — (15).

E

ESPERCIEUX (Jean-Joseph), statuaire. — 1840 — Médaillon par David. (6)

F

FALLOT DE BEAUMONT (Étienne-André), évêque de Plaisance. — 1835 — (3).

FAURE (Anselme-Claude), médecin des Invalides. — 1870 — (2).

FAVRAIS. [A] Statue de Gossin (21).

FÉLETZ (l'abbé Charles-Marie de), membre de l'Académie française. — 1850 — (12).

FERUS (Louis, baron de), général. — 1871 — (5).

FEUILLET DE CONCHES (Yves-Joseph), introducteur des ambassadeurs sous le règne de Napoléon III (16).

FORTOUL (Hippolyte-Nicolas-Honoré), littérateur, ministre de l'Instruction publique et des Cultes sous Napoléon III, membre de l'Institut, sénateur. — — 1856 — *Encyclopédie nouvelle*, etc. (12).

FOUASSIER (Hélène). [A] Médaillon (7).

FOUCHER (Paul), journaliste, auteur dramatique. — 1875 — *Les Étouffeurs de Londres*, etc. (7).

FOURCY (Louis LEFÉBURE de), mathématicien, professeur à la Faculté des sciences. — 1869 — (2).

FRONDEVILLE (Hippolyte-Nicolas-Honoré, marquis de), pair de France, conseiller d'État. — 1816 — (3).

G

GAIMARD (Paul-Joseph), naturaliste, voyageur. — 1833 — *Expédition de l'Astrolabe*, *Voyage de la Commission scientifique du Nord*. Buste par Chabaud (0).

GALLE (André) aîné, graveur en médailles, membre de l'Institut. — 1844 — *Matrices du timbre*, *Billets de la Banque de France*, etc. (6).

GALLIER (Antoine-Joseph), député. — 1838 — Médaillon d'Allier (13).

GALLOCHER DE LAGALLISSERIE (Paul-Martin), inspecteur général des Ponts et Chaussées. — 1871 — (7).

GAUJAL (Jean-Marie), général. — 1870 — (12).

GAUSSARD (Louis-Marie), général. — 1838 — (13).

GIRARD (Louis), peintre, professeur à l'École des beaux-arts. — 1844 — (12).

GODEFROID (Jean), célèbre graveur. — 1839 — (6).

GOMBERT (Jean-Hippolyte de), président de la Cour des comptes (7).

GRAMMONT-CADEROUSSE (Le comte de). Sépulture de famille (3).

GRÉGOIRE (Henri), évêque de Blois, historien. — 1831 — Prêta serment lors de la constitution civile du clergé. Demanda, en 1814, la déchéance de Napoléon Ier (2).

ÉPITAPHE :

« Mon Dieu, faites-moi miséricorde, et pardonnez à mes ennemis. »

GUYOT (comte Eugène), directeur de l'Intérieur et de la colonisation en Algérie. — 1868 — (2).

H

HENRION (François-Joseph), général d'artillerie. — 1855 (6).

HUBERT (François-Clair), général. — 1855 — (12).

HUET (François), écrivain. — 1869 — *Le règne social du Christianisme, Essai sur la Réforme catholique.* Médaillon par Etex (20).

HUET (Paul), peintre paysagiste. — 1869 — Médaillon par Préault (3).

HUGUIER (Pierre-Charles), docteur en médecine, professeur d'anatomie. — 1873 — (15).

I

IMBERT (Antoine) [A], docteur en droit. — 1846 — (7).

ITARD (Jean), docteur en médecine, médecin en chef de l'Institution des sourds-muets, membre de l'Académie de médecine. — 1838 — (3).

J

JÉSUITES (Sépulture des RR. PP.), dans laquelle reposent (13) :

Muzzarelli (Alphonse), prêtre — 1813.
Clorivière (Henri de), prêtre — 1820.
Barruel (Augustin), prêtre — 1820.
Fouet de Lafontaine (J.-B.), prêtre — 1821.
Ozanorchi (Xavier), prêtre — 1823.
Billy (J.-B), prêtre — 1829.
Grellety (Armand), prêtre — 1834.
Guenet (Pierre), prêtre — 1834.
Lamarre (Joseph), laïque — 1835.
Guéau de Reversdaux (Paul), prêtre — 1842.
Courtin (Jean), prêtre — 1842.
Jennesseaux (Nicolas), prêtre — 1842.
Loriquet (Nicolas-Joseph), prêtre — 1845.
Barat (Louis), prêtre. — 1845.
Cagnard (Charles), prêtre — 1847.
Morin (François), prêtre — 1848.
Grasset (Laurent), prêtre — 1849.
Varin (Joseph), prêtre — 1850.
Bailly (Narcisse), prêtre — 1858.
Ravignan (Xavier de), prêtre — 1858.
Renault (François), prêtre — 1860.
Moirez (Armand), prêtre — 1861.

JÉSUITES (Sépulture des RR. PP.), dans laquelle sont inhumés (18) :

CHASTEL (Ange), prêtre — 1861.

MONTEZON (Fortuné de), prêtre — 1862.

GARIDEL (Elzéar de), prêtre — 1866.

CHRÉTIEN (Charles), prêtre — 1868.

DELINEAU (Nicolas) prêtre — 1868.

PATON (Ernest), prêtre — 1869.

LEROUX (Albin), prêtre — 1869.

PHILIPPOT (René), laïque — 1871.

RETHORE (Jean), laïque — 1871.

BAILLEUX (Julien-Marie), prêtre — 1872.

CADRÈS (Antoine), prêtre — 1872.

PONLEVOY (Armand de), prêtre — 1874.

BIELOT (Ferdinand), prêtre — 1875.

JOGUET (Vincent), proviseur du lycée Saint-Louis. — 1874 — (15).

L

LABORIE (Antoine-Joseph D'ÉTRESSE DE LANZAC de), commandant du navire *le Vauquelin*, trouva la mort dans le naufrage de ce navire. — 1860 — (2).

LACROIX (Silvestre-François), mathématicien, membre de l'Institut. — 1843 — (12).

LAFOREST (Louis-René-Colas), architecte des Tuileries. — 1877 — (13).

LAIGNELOT (Joseph-François), poëte tragique, député de Paris à la Convention. — 1829 — (6)

LAMOIGNON (Marie-Catherine de), marquise d'Aguesseau. — 1849 — (12).

LANGLOIS (Jean-Marie), peintre d'histoire, membre de l'Institut. — 1838 — (2).

LAROUSSE (Pierre), grammairien, écrivain, publiciste. — 1874 — *Dictionnaire universel du XIXe siècle, l'École normale, l'Émulation*, etc. Buste de Perraud (16).

LAURENT (Louis), naturaliste, chirurgien en chef de la Marine. — 1834 — (6).

LEBÈGUE (Jules-Célestin, statuaire. — 1872 — (7).

LECADRE (Alphonse-Eugène), peintre. — 1875 — *Effets de neige* (6).

LE CLERC (Joseph-Victor), doyen de la Faculté des lettres, membre de l'Institut. — 1865 — (6).

LENOIR (le chevalier Alexandre), archéologue, fondateur du *Musée des Monuments français*. Sauva d'une destruction certaine, en 1793, en les recueillant dans ce Musée, les tableaux et les statues des églises de Paris et beaucoup d'autres œuvres artistiques précieuses pour l'histoire et l'archéologie et dont la perte était irréparable. — 1839 — (2).

LEPÈRE (François), statuaire. — 1871 — (12).

LEREBOURS (Noël-Marie Paymal), opticien de l'Observatoire, membre adjoint du Bureau des longitudes. — 1873 — (2).

LHEUREUX (Eugène), général. — 1868 — (13).

LION (Dieudonné, comte), général. — 1871 — (3).

LISFRANC (Jacques), professeur d'anatomie, membre de l'Académie de médecine. — 1843 — Buste et bas-reliefs d'Elshoëcht, bas-reliefs d'Eck et Durand (13).

LOUIS (Pierre-Alexandre), docteur en médecine, membre de l'Académie de médecine. — 1872 — *Recherches sur la fièvre typhoïde* (18).

LOUSTAL. [A] Statue de jeune fille par Courtet (13).

LYAUTEY (Hubert), général d'artillerie, sénateur. — 1867 — (2).

M

MACAREL (Louis-Antoine), jurisconsulte, président du Conseil d'État, professeur à la Faculté de droit. — 1851 — (13).

MAC-MAHON (Patrice de), docteur en médecine, bibliothécaire de la Faculté de droit. — 1835 — (2).

MALLEFILLE (Félicien), dramaturge. — 1868 — *Le Cœur et la Dot*, *les Mères repenties*, etc. Repose dans la tombe de la famille Aimé CHAUVIN. Médaillon d'Adam Salomon (3).

MARCILLE (Georges-Jules), publiciste. — 1875 — (6).

MARIE. [A] Statue de jeune fille (16).

MARINONI (Hippolyte), sépulture de famille (21).

MARTIN (Henri). Sépulture de famille dans laquelle repose le jeune fils de notre grand historien :
MARTIN (Léon), peintre. — 1837 — (16).

MARTIN-MAYRON (0.-A.), docteur en médecine. — 1870 — (2).

MATHIEU (Claude), astronome, président du Bureau des longitudes, membre de l'Institut, représentant du peuple en 1848. — 1875 — (18).

MEYNIER (Charles), peintre, membre de l'Institut, professeur à l'École des beaux-arts. — 1862 — (2).

MICHOT (Charles), curé de Saint-Médard. — 1830 — (3).

MOLÉ-GENTILHOMME (Paul-Henri-Joseph), littérateur, romancier. — 1850 — *La comtesse de Navailles*, etc. (12).

MONTFERRIER (Jean-Jacques DUVIDAL, marquis de), ex-syndic général du Languedoc. — 1829 — (18).

MONTALEMBERT (Sépulture de la famille de) (7).

MONTFORT (Joseph PUIGNIET de), général. — 1855 — (15).

MONTIGNY (TURPIN, comte de), général. — 1854 — (13).

MONTRAVEL (Louis-François-Marie TARDY de), contre-amiral, gouverneur de la Guyane française. — 1864 — (12).

MOREAU (Hégésippe), poète. — 1838 — *Le Myosotis* (2).

MOREAU DE JONÈS (Alexandre), officier d'état-major, membre de l'Institut, staticien. — 1870 — *Éléments de statique, Aventures de guerre au temps de la République* (2).

N

NARISCHKINE (sœur Nathalie), princesse russe, sœur de charité. — 1874 — (16).

NARASSAKI (Raizo), Japonais, décédé en l'an 2535 — 1874 — Tombeau et inscription japonais (0).

NIEPCE DE SAINT-VICTOR (Auguste), chimiste. Découvrit le premier le moyen de fixer un dessin, au moyen des rayons solaires ; ce fut le point de départ de la photographie. — 1872 — *Gravure héliographique.* Médaillon d'Adam Salomon (12).

O

OLIVIER (Théodore), fondateur et professeur de l'École centrale des arts et manufactures. — 1853 — Médaillon (18).

ORTOLAN (Joseph-Louis-Elzéar), jurisconsulte, professeur à la Faculté de droit. — 1873 — Tombeau, buste et bas-relief de Schœnewerk. Le bas-relief représente la Jurisprudence inscrivant dans ses fastes le nom d'Ortolan (3).

OTTAVI (Joseph), homme politique, orateur, député. Il mourut en descendant de la tribune. — 1841 — (12).

P

PASCALIS (Joseph), président à la Cour de cassation, député. — 1872 — (2).

PATIN (Henry-Joseph-Guillaume), écrivain, doyen de la Faculté des lettres, secrétaire perpétuel de l'Académie française. — 1876 — *Études sur les tragiques grecs*, etc. (12).

PERCEVAL (Jean-Jacques CAUSSIN de), orientaliste, garde des manuscrits à la Bibliothèque nationale, professeur de littérature arabe au Collège de France, membre de l'Académie des inscriptions et belles-lettres. — 1835 — (2).

PERLET (Petrus), peintre d'histoire. — 1862 — (6).

PERREYVE (Henri-Léon), prêtre, professeur de théologie à la Faculté de Paris. — 1863 — (13).

PETIT (baron Jean-Martin), général. — 1856 — Buste par Boitel (16).

PETITOT (Louis), statuaire, professeur à l'École des beaux-arts. — 1862 — *Statues des angles du pont du Carrousel* (3).

PEYTIER (Jean-Pierre-Eugène), colonel d'état-major, membre du Bureau des longitudes. — 1864 — (13).

PINEL (Théodore), secrétaire général de la Préfecture de police. — 1875 — (16).

PIZAIN (Émile), général d'artillerie. — 1869 — (20).

PLON (Philippe-Henri), éditeur érudit et imprimeur, a publié de très-beaux ouvrages. — 1872 — *Dictionnaire de la conversation* (12).

PLOUGOULM (Pierre-Ambroise), avocat, conseiller à la Cour de cassation, défenseur d'Avril et de Fieschi devant la Cour des pairs. — 1863 — (13).

POISLE-DESGRANGES (Damien), représentant du peuple. — 1850 — (6).

PORLIER-PAGNON (Pierre-Jacques), de la Comédie française. — 1864 — (6).

POUQUEVILLE (François-Charles), membre des Académies de médecine et des inscriptions et belles-lettres. — 1838 — Médaillon de David (2).

PROUDHON (Pierre-Joseph), publiciste, économiste. — 1865 — *Qu'est-ce que la propriété? Le Peuple* (2).

Q

QUATREMÈRE DE QUINCY (Antoine-Chrysostome), archéologue. — 1849 — *Dictionnaire historique d'Architecture* (7).

R

RABOU (Charles-Félix), homme de lettres, romancier. A terminé les œuvres inachevées de Balzac. — 1871 — (13).

RAMEY (Claude), statuaire, membre de l'Institut. — 1838 — et

RAMEY (Claude), statuaire, membre de l'Institut. — 1852 — (3).

RÉCAMIER (Joseph-Claude), docteur en médecine, membre de l'Académie de médecine. — 1854 — *Traitement du cancer* (8).

ROCHECHOUART (Victurnien-Jean-Baptiste), duc de Mortemart, général. — 1812 — (3).

ROSALIE (Rendu, Jeanne-Marie, en religion Sœur), sœur de Saint-Vincent-de-Paul, décorée de la Légion d'honneur en récompense de son admirable dévouement pour les pauvres et les malades. Frappée de cécité, elle continua à secourir les malheureux. Son buste a été placé dans la salle des séances de la mairie du XII° arrondissement, le 22 décembre 1870. — 1856 — (16).

RUHMKORFF (Henri), physicien, fabricant d'instruments de précision. — 1877 — *Appareil d'induction perfectionné* (20).

S

SAGEY (Claude-Judith), évêque de Tulle. — 1836 — (3).

SAINT-GERMAIN (J.-T. de). Voir Tardieu.

SAINT-PRIX (Jacques Berriat-), jurisconsulte, professeur de droit, membre de l'Institut. — 1845 — (12).

SAPEY (Charles), député, sénateur. — 1857 — (6).

SARAZIN DE BELMONT (Louise-Joséphine), peintre. — 1870 — (7).

SAUSSAYE (Sir Richard de la), général espagnol. — 1872 — (18).

SCHUNCK (Philippe-Henri), compositeur de musique. — 1847 — Médaillon (13).

SENNEVILLE (Denis de), colonel d'état-major, tué à Magenta. — 1859 — (12).

SERRURIER (J.-B.-T.), docteur en médecine. — 1853 — Médaillon en bronze, par Desprez (6).

SEURRE (Charles-Marie), statuaire. — 1858 — et
SEURRE (Bernard-Gabriel), statuaire, membre de l'Institut. — 1867 — (13).

SILVESTRE (Augustin-François de), membre de l'Institut, secrétaire perpétuel de la Société centrale d'agriculture. — 1851 — (7).

SPIÉGEL (Léontine). [A] Statue (13).

SUCHORIEWSKI (Thadéo), général polonais. — 1852 — (13).

SUSANE (Louis-Auguste-Victor-Vincent), général. — 1876 — (13).

T

TAPONIER (Alexandre-Camille), général. — 1831 — (3).

TARDIEU (Jules-Romain), homme de lettres, dont le pseudonyme était J.-T. DE SAINT-GERMAIN, littérateur, publiciste du *Courrier français* et du *Constitutionnel*. — 1868 — (3).

TASTU (Joseph-Jacques), imprimeur distingué, éditeur, bibliophile. — 1849 — (7).

THIERRY (Jacques-Nicolas-Augustin), historien. — 1856 — *Lettres sur l'Histoire de France*, etc , et
THIERRY (Amédée-Simon-Dominique), historien, homme politique, sénateur, frère du précédent. — 1873 — *Histoire des Gaulois*, etc. (19).

THIERRY. [A] Médaillon (2).

TRIBALET (Amédée-Louis), inspecteur général des finances. — 1840 — Médaillon par Allier (6).

U

ULMANN (Salomon), grand rabbin du Consistoire central des Israélites de France. — 1865 — *Grammaire hébraïque, Livre d'instruction religieuse, Traduction du Cosari.* (16) *Cimetière israélite.*

V

VAUTRÉ (baron de), général. — 1849 — (12).

VAUDOYER (Antoine-Laurent-Thomas), architecte, membre de l'Institut. — 1846 — *Idées d'un citoyen sur le lieu destiné à la sépulture des hommes célèbres,* et

VELPEAU, sépulture de famille (7).

VAUDOYER (Léon), architecte, membre de l'Institut. — 1872 — (13).

VEUILLOT (Louis). Sépulture de famille (15).

VIBERT (Victor), professeur de gravure à l'École des beaux-arts. — 1860 — (7).

VICTIMES DE JUIN 1848. Sépulture dans laquelle sont inhumés :

REGNAULT, colonel ;

MONCEL, BERTRAND, DREITCH, capitaines ;

Bolot et Chassin, lieutenants.

Morts en combattant pour le maintien de l'ordre et de la liberté (15).

VIGLA (Eugène-Napoléon), docteur en médecine, professeur à la Faculté, membre de l'Académie de médecine, décoré en 1848 comme capitaine de la Garde nationale, pour sa belle conduite dans les journées de Juin. — 1837 — *Etude microscopique de l'urine* (2).

VIREY (Julien-Joseph), médecin, naturaliste, membre de l'Académie de médecine, député. — 1847 — (18).

W

WILHAUME (Ambroise-Mathis-Louis), docteur en médecine, membre correspondant de l'Académie de médecine, professeur d'anatomie. — 1863 — Médaillon (12).

Z

ZANGIACOMI (Marie-Joseph, baron), député à la Convention, pair de France, président de chambre à la Cour de cassation. — 1846 — (2).

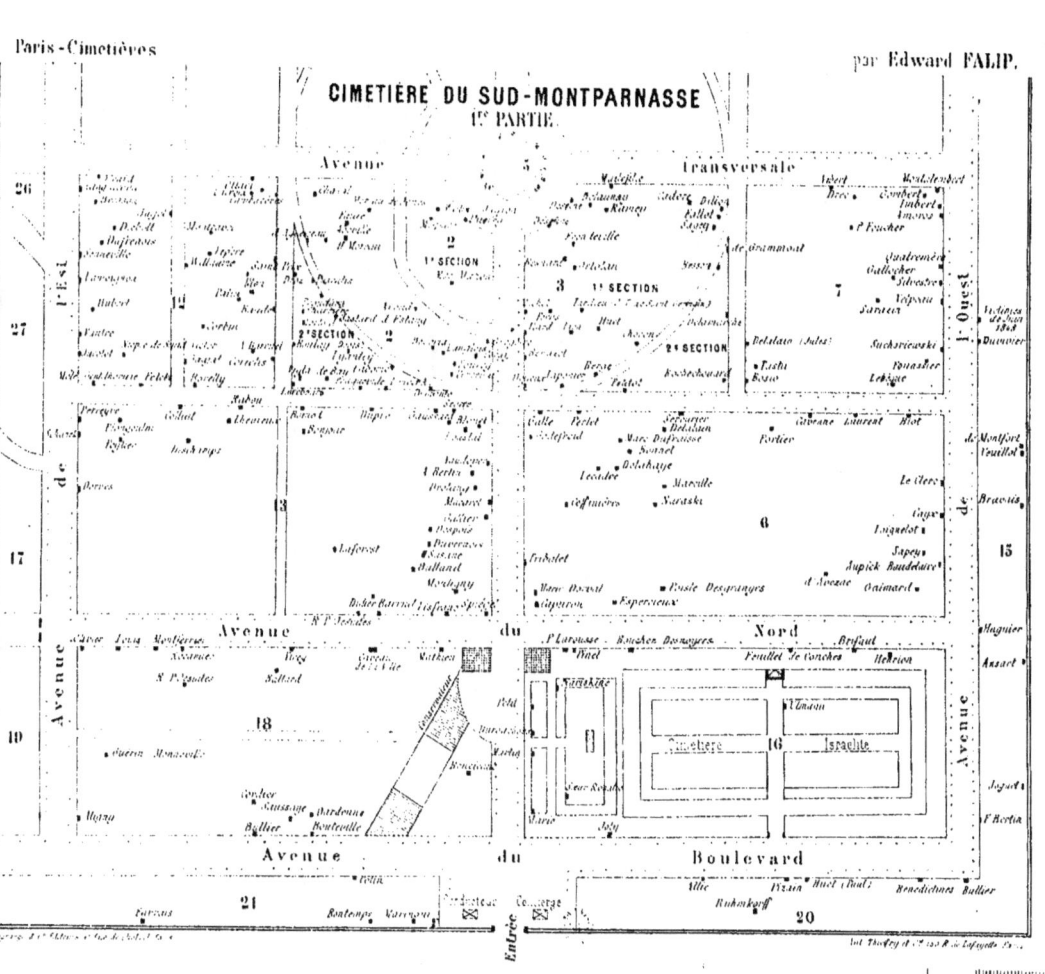

DEUXIÈME PARTIE

Avenues : Transversale, de l'Est (partie), de l'Ouest (partie), du Sud, petite avenue du Sud.
Divisions : 1, 4, 8, 9, 10, 11, 15, 24.

A

ACLOQUE (André-Arnould), brasseur, représentant du peuple en 1789, commandant de la Garde nationale en 1792. — Le roi Louis XVI était appuyé sur l'épaule d'Acloque lorsque, en juin 1792, il harangua le peuple (10).

ALTON-SHÉE (Edmond de Lignères, comte d'), pair de France, homme politique. — 1874 — *De la Chambre des pairs dans le gouvernement représentatif* (9).

ANCELOT (Jacques-Arsène), auteur dramatique, membre de l'Académie française. — 1854 — *Maria Padilla*, etc., et

ANCELOT (Virginie), auteur dramatique. — 1875 — *Une année à Paris* (10).

ASSELINEAU (Charles-François-Alexandre), littérateur. — 1874 — *Histoire du sonnet, la Double vue* (8).

B

BABINET (Jacques), physicien, membre de l'Institut. — 1872 — *Câble télégraphique sous-marin* (10).

BALLARD DE LANCY (Martin), administrateur de la bibliothèque de Sainte-Geneviève. — 1856 — (24).

BARRE (Jean-Jacques), graveur général des Monnaies. — 1855 — *Médailles de Shakespeare, Boïeldieu, Gall*, etc. (4).

BEAUMONT (Jean-Baptiste-Élie de), professeur de géologie, inspecteur général des Mines, secrétaire perpétuel de l'Académie des sciences, sénateur. — 1874 — (1).

BECQUEY (Louis), député, ministre d'État, directeur général de l'Agriculture et du Commerce, membre de l'Assemblée législative. — 1849 — (10).

BELLONET (Adolphe-Pierre), général du génie. — 1851 — (10).

BERNAUDA (Victor), sculpteur. — 1840 — *Médaillon* (9).

BESNARD (Jacques-François), théologien, docteur en droit canon. — 1842 — *Médaillon* (11).

BÉTENCOURT (Adolphe-Auguste-Marie), bénédictin, membre de l'Institut, historien — 1829 — *Recherches historiques* (4).

BILLAULT (Adolphe-Auguste-Marie), ministre d'État sous le règne de Napoléon III, orateur, jurisconsulte. — 1863 — (11).

BINET (Jacques-Philibert), mathématicien, astronome, membre de l'Institut. — 1856 — *Mémoires scientifiques* (15).

BIXIO (Jacques-Alexandre), littérateur, ministre de l'Agriculture et du Commerce, fondateur de la *Maison rustique* et de la *Revue des Deux-Mondes*, avec Buloz. — 1865 — (4).

BIZOT (Michel-Brice), général du génie, tué pendant le siége de Sébastopol. — 1855 — (1).

BLONDEL (Marie-Joseph), peintre d'histoire, membre de l'Institut. — 1853 — *Grande médaille d'honneur* (24).

BOCAGE (Pierre-Martinien Tousez, dit), artiste dramatique célèbre. — 1862 — (24).

BŒHM. [A] Médaillon (15).

BOISSEAUX (Claude-Nicolas), auteur dramatique. — 1863 — *La Clé des champs*, etc. (11).

BOTTA (Carlo), docteur en médecine, un des plus

grands historiens de l'Italie. — 1837 — Ses cendres ont été restituées à sa patrie en 1875. *Histoire de l'Italie depuis 1789 jusqu'en 1814* (4).

On remarquera à gauche et à côté de cette tombe, vide aujourd'hui, une pierre quadrangulaire sans inscription, à peine élevée de quarante centimètres au-dessus du sol, c'est là qu'est inhumé le duc de Choiseul-Praslin, qui s'empoisonna dans la prison où il était détenu sous la prévention d'avoir assassiné sa femme, en 1847 (4).

BOUCHET (marquis de Mauteville du), général. — 1828 — (1).

BOURDON. Voir Vincent.

BOUTAULT (Émile), général du génie, commandant l'École polytechnique. — 1835 — (0).

BOUVARD (Alexis), astronome, membre de l'Institut et du Bureau des longitudes. — 1848 — (0).

BOYER (Eugène-Édouard, baron), chirurgien, membre de l'Académie, professeur à la Faculté de médecine. — 1833 — Buste par Fessard (4).

BOYER (Pierre), pair de France, président de la Cour de cassation. — 1855 — (10).

BRÉMONT (Jean), peintre d'histoire. — 1868 — *Frise intérieure de l'église de la Villette* (10).

BROUSSES (Jean-Louis), député de l'Aude. — 1832 — (4).

BRUSLARD (Louis Guénin, chevalier de), général. — 1829 — (1).

C

CABET (Jean-Baptiste-Paul), statuaire. La tombe est surmontée du buste de Madame Cabet et d'un bas-relief en bronze par Cabet. — 1876 — (1).

CAHIEUX (Henri) [A]. Statuaire. — 1854 — (10).

CALONNE (J.-M. de), ancien avocat au parlement. — 1850 — (9).

CAPITAINE. [A] (2).

CARMÉLITES DU VAL-DE-GRACE (Sépulture des) (24).

CASSINI (Alexandre), le dernier du nom ; naturaliste, conseiller à la Cour de cassation, pair de France, membre de l'Institut. — 1832 — (4).

CESSAC (Gérard-Jean Lacuée, comte de), général, pair de France. — 1841 — (4).

CHALENDAR (A.-F., comte de) général. — 1863 — (8).

CHARLET (Louis), dessinateur, peintre, professeur à l'École polytechnique. — 1867 — (15).

CHAUDET (Antoine-Denis), statuaire, membre de l'Institut. — 1810 — *La Peinture, la Sculpture et l'Architecture*, groupe au Musée du Louvre. Médaillon (4).

CHAUVEAU-LAGARDE (Claude-François), avocat, conseiller à la Cour de cassation, défenseur de la reine Marie-Antoinette et de Charlotte Corday, devant le tribunal révolutionnaire. — 1841 — (1).

CLOQUET (Jean-Baptiste), médecin, membre de l'Académie de médecine. — 1840 — *Traité d'anatomie descriptive, Traité des odeurs*, etc. (24).

COCHIN (Jean-Denis-Marie), philantrope, avocat, député. — 1841 — *De l'extinction de la mendicité* (10).

COINY (Joseph), graveur, grand prix de Rome. — 1820 — (1).

CONSTANT-DUFEUX (Simon-Claude), architecte, professeur à l'École des beaux-arts. — 1871 — *Appropriation du Panthéon au culte, Tombeau de Dumont d'Urville* (11).

CORBEL (Victor), sculpteur. — 1874 — Médaillon (0).

CORNET (Mathieu, comte de), pair de France. — — 1832 — (4).

CROISSANT (Jean-François), député de la Meurthe. — 1855 — (9).

CUVELLIER (Eugène), médecin-inspecteur général de l'armée. — 1875 — (10).

D

DAMAS (Etienne), général, chef d'état-major de Kléber. — 1828 — (1).

DANYAU (Antoine-Constant), docteur en médecine, membre de l'Académie de médecine, fondateur et président de l'Association des Médecins. — 1848 — (4).

DARRICAU (baron Daniel), administrateur, intendant général, directeur de l'administration de la Guerre, conseiller d'État. — 1808 — (1).

DAVID. [A] (24).

DELEUIL (Louis-Joseph), opticien, mécanicien, inventeur d'appareils de précision.— 1862 — (10).

DESCLOZEAUX (Louis-François), jurisconsulte, législateur. — 1833 — (1).

DESFONTAINES (René-Louiche), membre de l'Académie des sciences, professeur de botanique au Muséum — 1838 — (1).

DESSOLLE (Irénée-Ives), archevêque de Chambéry. — 1824 — (1).

DUBRUEL (Joseph), inspecteur général de l'Université, député, questeur. — 1828 — (1).

DUCAURROY DE LA CROIX (Charles-Marie-Antoine), jurisconsulte, avocat. — 1850 — *Commentaire théorique et pratique du Code civil* (11).

DUCIS (Jean-Louis), peintre d'histoire. — 1847 — (10).

DULEAU D'ALLEMANS (vicomte Pierre), général. — 1816 — (1).

DUMONT D'URVILLE (Jules-Sébastien-César), contre-amiral. — 1842 — *Voyage dans les mers du Levant, trois voyages autour du monde, découverte de la Vénus de Milo.* Périt avec toute sa famille dans l'incendie causée par le déraillement du chemin de fer de Versailles. Médaillon. Monument polychrome de Constant-Dufeux (15).

DURANTON (Frédéric), jurisconsulte, professeur à la Faculté de droit. — 1870 — (9).

DUTRÉ (Gabriel-Fortuné), inspecteur général de l'Enseignement supérieur. — 1870 — (1).

DUVAL-PINEU (Alexandre-Vincent), auteur dramatique, membre de l'Académie française, administrateur de la bibliothèque de l'Arsenal. — 1842 — *La Jeunesse de Henri V; Joseph*, drame lyrique, musique de Méhul (9).

E

ESPÉRONNIER (Dominique-Victor), général d'artillerie. — 1855 — (15).

EYNARD (Phocion), général. — 1861 — (8).

F

FÉNELON (Sépulture de la famille de SALIGNAC DE LA MOTHE DE) (10).

FERRY (Claude-Joseph), professeur de droit à la Faculté de Paris. — 1864 — (11).

FOLLIN (François-Anthyme), professeur à la Faculté de médecine. — 1857 — Médaillon (4).

FORSTER (François), graveur, membre de l'Institut. — 1872 — (10).

FOUCAULT-SAINT-PRIX (Jean-Aimable), de la Comédie française. — 1834 — (1).

FOUCHER (Joseph-Désiré), général, sénateur. — 1860 — (24).

G

GANDOLFÉ (Vincent), ancien balancier de la Monnaie. — 1829 — Buste entièrement caché par un lierre qui le recouvre complétement (4).

GANNAL (Jean-Nicolas), chimiste, industriel, inventeur d'un procédé spécial d'embaumement des morts. — 1842 — Médaillon (10).

GARNIER (Étienne), peintre d'histoire, membre de l'Académie des beaux-arts. — 1845 — Peintures de la salle du musée des Antiques au Louvre (10).

GAUDICHAUD (Charles), *botaniste, voyageur*, membre de l'Institut — 1854 — (9).

GÉRARD (Baron François, Pascal-Simon), peintre d'histoire. — 1837 — Médaillon et bas-reliefs de Dantan aîné. — *Bélisaire*, etc. (1).

GERMANIEU (Emmanuel-Marie LEDEAU de), député, conseiller à la Cour de cassation. — 1846 — (9).

GESVRES DU GUESCLIN (Sépulture de la famille de) (1).

GILLETTE (Eugène-Matthieu), docteur en médecine, médecin des enfants malades. Il fut atteint d'une angine mortelle après avoir amené à l'hôpital, dans sa voiture, un enfant malade du croup. — 1859 — (9).

GOYON (Marie-Michel-Auguste, comte de), sénateur, général. — 1870 — (1) et LAROCHE-AYMOND (Charles-Antoine-Paul, marquis de), général, pair de France. — 1840.

GRADOS. [A] (9).

GRATRY (Joseph-Auguste-Alphonse), orateur, chanoine honoraire de Notre-Dame, professeur de philosophie. — 1872 — (4).

GUÉRIN (Jean-Baptiste-Paulin), peintre d'histoire. — 1855 — *Caïn après le meurtre d'Abel* (9).

GUIGUES (Chrétien-Louis de), consul général, membre correspondant de l'Institut. — 1843 — (24).

GUILLEMOT (G. A.), peintre d'histoire. — 1831 — (4).

H

HEIM (François-Joseph), peintre d'histoire, professeur à l'École des beaux-arts, membre de l'Institut. — 1865 — (8).

HENNEQUIN (Marie), avocat, député du département du Nord. — 1840 — (9).

HOUDON (Jean-Antoine), statuaire, membre de l'Académie de peinture. — 1828 — *L'Écorché, Statue de Voltaire* au Théâtre-Français, *Buste de Molière,* — et ROCHETTE (Désiré-Raoul), antiquaire. — 1854 — *Histoire critique des colonies grecques,* etc. (1).

HOURIER (Auguste). [A] Mausolée d'une originalité remarquable (24).

HUREAU DE SENARMONT (Henri), ingénieur des mines, membre de l'Institut. — 1862 — (10).

HULIN (Pierre-Auguste), général. — 1841 — (15).

J

JACQUOT (Georges), statuaire, professeur à l'École des beaux-arts. — 1874 — Cariatides au nouveau Louvre (10).

JUSSIEU (Antoine-Laurent de), naturaliste, botaniste, membre de l'Institut. — 1836 — Apporta du Liban, dans son chapeau, le premier cèdre aujourd'hui colossal qui s'élève dans le labyrinthe du Jardin des plantes (1).

JUNOT. Voir LEPIC.

K

KŒNIG (Jean-Baptiste), général. — 1854 — (15).

L

LACOUR (Jean-Baptiste), général. — 1845 — (8).

LAFERRIÈRE (Louis-Firmin), jurisconsulte, inspecteur général des Facultés de droit, membre de l'Institut, conseiller d'État. — 1861 — (1).

LAGRENÉ (Théodore de), ministre plénipotentiaire, envoyé extraordinaire en Chine en 1843, pair de France. — 1862 — (8).

LAMY (baron Armand-François), général, conseiller d'État. — 1830 — (24).

LAUGIER (Ernest), astronome, membre de l'Institut et du Bureau des longitudes. — 1872 — (10).

LENOIR [A], buste de Pigalle (15).

LE PELETIER D'AUNAY (Louis-Étienne-Hector, comte de), député de la Nièvre. — 1851 — (1).

LEPIC (baron J. H.), général. — 1835, — et JUNOT (Adolphe), lieutenant-colonel d'état-major, blessé mortellement à Solférino. — 1859 — (10).

LE POITEVIN (A. F. L.), pair de France, président de la Cour d'appel de Paris. — 1840 — (1).

LEROUX (Jean-Marie), graveur d'histoire. — Médaillon de Daragon (10).

LEROUX (Pierre), journaliste, philosophe, représentant du peuple. — 1871 — Buste par Etex (9).

LEVASSEUR (Josime) [A], buste en bronze (8).

LE VERRIER (Urbain-Jean-Joseph), astronome, sénateur, directeur de l'Observatoire, membre de l'Institut et du Bureau des longitudes. — 1877 — (11).

LEVRAUD (François-Benjamin), docteur en médecine, membre de l'Académie de médecine, député. — 1855 — (8).

LOUVET (Arthur), avocat, écrivain. — 1864 — *Le théâtre* en 1861 (1).

M

MALLEVILLE (marquis de), pair de France. — 1832 — (1).

MANGIN (Jean-Henri), conseiller à la Cour d'appel de Paris, préfet de police. — 1835 — (8).

MARESQ (Hyacinthe). [A] (1)

MAURICE [A], sépulture ornée d'un joli bas-relief en marbre blanc au-dessous duquel sont gravés ces vers (9) :

Comme un rayon d'aurore avec la nuit se mêle,
Son sourire enfantin se mêle à son adieu,
Et, pauvre ange, il vola, de son premier coup d'aile,
De notre terre au ciel et de sa mère à Dieu.

MAUVAIS (Victor), astronome, membre de l'Académie des sciences et du Bureau des longitudes. — 1854 — (0).

MAZOIS (François), architecte, inspecteur général des bâtiments civils. — 1826 — (4).

MÉNARDEAU [A], obélisque (8).

MENJAUD (Alexandre), peintre d'histoire. — 1831 — (1).

MICHALLON (Achille-Etna), peintre de paysages. — 1822 — (1).

MONGE (Louis), géomètre, frère de Monge, examinateur à l'École polytechnique. — 1827 — Accompagna Bonaparte en Égypte (4).

MONTAGNE (Charles), docteur en médecine, membre de l'Institut et de l'Académie de médecine. — 1866 — (11).

MONTFERRIER (Jean-Pierre DEVIDAL, marquis de), ex syndic général du Languedoc — 1820 — (4).

MONTLEZUN-BUSCA (Irenée), ministre plénipotentiaire. — 1852 — (10).

MONTMORENCY-LUXEMBOURG (Anne-Christian de), pair de France. — 1824 — (1).

MONTMORENCY (de) et DE LA CHASTRE. Sépulture de famille (1).

MONTMORENCY (Louis-Adélaïde, comte de), général. — 1828 — (1).

MOREAU (François-Clément), statuaire. — 1865 — (10).

MORIN (Victor-Petrus), général. — 1867 — (9).

N

NOÉ (Louis-Amédée-Jules Pantaléon, comte de), pair de France. — 1858 — (10).

NORMAND (Jean-Pierre), architecte. — 1840 — (1).

NOUE (Armand, vicomte de), général. — 1869 — (10).

O

ORFILA (Mathieu-Joseph), docteur en médecine, fondateur et président de l'Association des médecins. — 1853 — Médaillon (4).

OUDOT (Julien-François), jurisconsulte, professeur à la Faculté de droit. — 1864 — *Conscience et Science du Devoir* (11).

P

PANSEY (Pierre-Paul Henrion de), premier président de la Cour de cassation. — 1829 — et

PARISOT (J. T.), officier de marine, littérateur, chef de la section historique du dépôt de la marine. — 1840 — (1).

PARRIZOT (Charles-Louis), colonel d'artillerie, directeur des fonderies de canons. — 1846 — (9).

PASQUIER (Antoine-Philippe, baron), premier chirurgien du roi Louis-Philippe Ier. — 1847 — et

PASQUIER (Joseph-Philippe), premier chirurgien de Louis-Philippe Ier. — 1852 — (10).

PAYER (Jean-Baptiste), botaniste, membre de l'Académie des sciences. — 1860 — (4).

PELISSIER (Jean-Baptiste), homme de lettres. — 1856 — *L'abeille poétique du XIXe siècle* (10).

PELLETIER (Joseph), chimiste, membre de l'Institut, directeur adjoint de l'École de pharmacie. — 1842 — (10).

PERNETY (vicomte Jean-Marie), général, sénateur. — 1836 — (4).

PERRAUD (Jean-Joseph), statuaire. — 1876 — *Le Drame lyrique*, sur la façade du Grand-Opéra; *Cariatides de la salle de travail*, à la Bibliothèque nationale (11).

PETIT-RADEL (Louis-François), architecte. — 1818 — Médaillon par Gayrard (4).

PETITES SŒURS DE L'ASSOMPTION (Sépulture des), (24).

PEYSSARD (Anne-Théodore), général. — 1861 — (4).

PRASLIN (le duc de), à côté du tombeau de Botta — (4).

PRÉVAL (Claude-Antoine, vicomte de), général, pair de France, sénateur. — 1855 — (1).

Q

QUINET (Edgard), philosophe, poète, homme politique, député de la Seine, historien français. — 1875 — *Œuvres complètes* (11).

R

RAFFET (Denis-Auguste-Marie), peintre et dessinateur. — 1860 — *Croquis militaires, Chansons de Béranger* (11).

RAVICHIO DE PERESTDORF (baron Joseph-Maurice), général d'artillerie. — 1844 — (15).

REGNAULT (Henri), peintre du plus grand avenir. Tué en combattant pour la patrie. — 1871 — *Portrait du général Prim*, au Luxembourg, etc. Un monument remarquable est érigé en l'honneur d'Henri Regnault, dans la cour de l'École des beaux-arts (4).

RENZI (Angelo), homme de lettres. — 1871 — *Dictionnaire italien-français*. — Buste de femme (11).

RIBES (François), chirurgien en chef de Napoléon Ier et des Invalides, membre de l'Académie de médecine. — 1845 — (9).

RICORD (Philippe), sépulture de famille (15).

RICORD (Alexandre), docteur en médecine, membre correspondant de l'Académie de médecine. — 1876 — (15).

ROCHE-AYMOND (Guillaume-Marie, vicomte de la), général. — 1824 — (1).

ROCHETTE (Raoul). Voir HOUDON.

RŒHN (Edmond) RŒHN (Charles) [A]. Médaillons 15).

ROMANET DE CAILLAUD (Joseph), général. — 1829 — (4).

ROSSI (Henri-André-Alderan, comte), diplomate. — 1871 — (8).

RUDE (François), statuaire. — 1855 — *Groupe de la Marseillaise*, à l'Arc de triomphe de l'Étoile ; *Tombeau de Cavaignac*, au cimetière Montmartre ; *Le pêcheur Napolitain*, au Louvre. Buste par Cabet, bas relief ; couronne en bronze offerte par les élèves de Rude (1).

S

SAISSET (Émile), professeur à la Faculté des lettres, membre de l'Institut. — 1863 — (11).

SANDEAU. Sépulture de famille où repose :
SANDEAU (Jules), lieutenant de vaisseau. — 1877 — (9).

SANTERRE [A]. (4).

SÉDILLOT (Jean-Jacques), membre adjoint au Bureau des longitudes. — 1832 — (11).

SÉGUR D'AGUESSEAU (sépulture de la famille) (9).

SÉPULTURE DE MAD. *** [A] Statue en marbre par Henri de Vauréal (4), derrière la tombe de M. Brousses.

SERGENTS DE LA ROCHELLE (Les quatre), au sommet d'un tertre de gazon, en face de la chapelle, s'élève une colonne sur laquelle sont gravés les noms de BORIES, GOUBIN, POMMIER, RAOULX. — 1822 — (8).

Sous-officiers au 45e régiment, accusés et convaincus d'avoir été membres d'une société secrète dont le but était l'établissement de la liberté universelle (les carbonari), ils furent condamnés à la peine de mort, sur le réquisitoire de l'avocat général Marchangy. Comme on les ramenait à la prison, Bories s'écria : « Nous sommes innocents, la France nous jugera ! »

Une tentative d'évasion, facilitée par l'intermédiaire d'un étudiant, échoua la veille de l'exécution.

Le 21 septembre, Bories et ses camarades furent conduits à la Conciergerie ; après la lecture de leur arrêt, qu'ils entendirent avec le plus grand calme, ils prirent un léger repas en s'entretenant de leur fin si prochaine et si prématurée. A quatre heures et demie, escortés par une force militaire imposante, ils arrivèrent, sur la place de Grève ; ils montèrent avec fermeté sur l'échafaud, s'embrassèrent dans une dernière étreinte, et leurs têtes tombèrent au milieu d'un silence imposant.

STURM (Charles-François), mathématicien, membre de l'Institut et de l'Académie des sciences, prefesseur d'analyse et de mécanique à la Faculté. — 1855 — (9).

T

TAUNAY (Nicolas), peintre de genre. — 1830 — (1).

THIÉNON (Anne-Claude), peintre paysagiste. — 1846 — (4).

V

VALADON (Michel-Emmanuel), architecte. — 1852 — Établit en France une des premières cités ouvrières, elle fût construite à Paris dans la rue qui porte le nom de rue Valadon (9).

VALOMBREUSE (Duchesse de). — 1841 — (24).

VANNEAU (N), élève de l'École polytechnique, mort pour la liberté le 29 juillet 1830. Une députation d'élèves de l'École vient déposer toutes les années, une couronne sur cette tombe (1).

VINCENT (Alexandre-Joseph), mathématicien, membre de l'Institut, professeur au collége de Saint-Louis. — 1868 — et BOURDON (Louis-Pierre), conseiller de l'Université. — 1854 — (25).

VINTIMILLE (Marie-François-Fortuné de), des

CIMETIÈRE DU SUD - MONTPARNASSE
2ᵐᵉ PARTIE

Paris - Cimetières — par Edward FALIP

comtes de Marseille, évêque de Carcassonne. — 1822 — (24).

VOLIGNY (Thomas-André Bouquerot, de), membre du Corps législatif et du Conseil des anciens. — 1841 — (11).

W

WILLEMIN (Xavier), membre de la société des antiquaires de France. — 1861 — *Coutumes civiles et militaires des peuples de l'antiquité* (11).

TROISIÈME PARTIE

Divisions : 25, 26, 17, 19, 21, 28, 29, 30, 31, 32.

A

AUGUSTINES DU SAINT-CŒUR DE MARIE (Sépulture des) (25).

B

BALARD (Antoine-Jérôme), chimiste, membre de l'Institut, professeur de chimie à la Faculté de Paris. — 1876 — (29).

BARRAGUET (Achille-Charles), président de la Société typographique. Monument élevé par les Sociétés typographiques de Bordeaux, Grenoble, Lyon, Angers, Genève, Le Mans, Marseille, Bourges et Nantes. — 1876 — (29).

BINGHAM. Sépulture connue sous le nom de Chapelle anglaise (26).

BOULAY DE LA MEURTHE (Antoine-Jacques-Claude, comte), magistrat, député au Conseil des Cinq-cents, président de législation du Conseil d'État, ministre d'État. — 1840 — Buste de David ; et son fils :

BOULAY DE LA MEURTHE (comte Henri-Georges), homme politique, sénateur, vice-président de la République en 1848. — 1858.

Dans la même tombe :

BOULAY DE LA MEURTHE (François-Joseph), sénateur, secrétaire général de l'Agriculture, et du Commerce (27).

BOURDON. Voir VINCENT.

C

COLLIARD. [A] Splendide mausolée (19).

CORDIER (Pierre-Louis-Antoine), géologue, professeur au Muséum, membre de l'Institut, pair de France, conseiller d'État. — 1861 — Collaborateur au *Journal des Savants* (29).

D

DILLON (William-Patrice), diplomate. — 1857 — (28).

DUBAN (Jacques-Félix), architecte du Louvre. — 1872 — *Galerie du bord de l'eau, École des Beaux-Arts.* Architecte du monument : M. Duc ; médaillon par Guillaume (19).

DUVAL (Maurice), administrateur français, pair de France, commissaire extraordinaire en 1848. — 1861 — (17).

E

ELISA. [A] Belle statue couchée, par Etienne Leroux. — 1874 — (29).

G

GRIENNEVALD (Ulric), statuaire. — 1845 — (26).

H

HELÈNE. [A] Médaillon de Fautras. Joli monument (29).

L

LA PLACE (Jean-Auguste de), général. — 1846 — (26).

LAPOMMERAYE, docteur en médecine, condamné à mort et exécuté pour avoir commis un crime d'empoisonnement. Cube en pierre sans inscription (25).

LASTEYRIE (Charles-Philibert, comte de), homme politique, membre de l'Institut. — 1849 — (26).

LAURENTIE (Pierre-Paul-Sébastien), publiciste, directeur de *l'Union*. Estimé et regretté de tous ses confrères, sans distinction d'opinion. — 1876 — (29).

LE BAS (Hippolyte), architecte, membre de l'Institut. — 1847 — *Prison des Jeunes détenus*, *Notre-Dame-de-Lorette* (27).

LESBROS (C.-B.-B), ancien élève de l'École polytechnique, élève ingénieur des mines, mort en 1848 en combattant pour l'ordre et pour la liberté. — 1848 — (17).

LOVERDO (Nicolas, comte de), général, conseiller d'État. — 1837 — (25).

M

MOULIN (Pierre-Jules), consul de France à Salonique, assassiné par des habitants de cette ville pendant une émeute. Inscription : *Il est mort en faisant son devoir*. — 1875 — Buste de Bogino (17).

MYLIUS (Henri de), général. — 1866 — La ville de Paris a été dotée par lui d'une rente perpétuelle applicable à l'enseignement gratuit des enfants de trois arrondissements (26).

P

POMMIER (Félix-Henry), tué au combat de Buzenval. — 1871 — (29).

PONCELET (Jean-Victor), général du génie, membre de l'Académie des sciences, représentant du peuple. — 1867 — (26).

Q

QUÉRARD (Jean-Marie), bibliographe. — 1865 — *La France nouvelle* (26).

S

SAGNIER (Louis-Joseph), homme de lettres, de l'ancien groupe du *National*, caissier de ce journal. — 1876 — Inhumation provisoire (17).

SAINT-DENIS (Pierre-Antoine, baron de JUCHEREAU de), général. — 1850 — (17).

SAINTE-BEUVE (Charles-Augustin), littérateur, critique. — 1869 — *Lettres d'un passant*, etc. (17).

SAINTE-CROIX (LE BAS de), contre-amiral. — 1826 — (25).

T

THIERRY (Jacques-Nicolas-Augustin), historien. — 1856 — *Lettres sur l'Histoire*, etc. (19).

THIERRY (Amédée-Simon-Dominique), frère du précédent, historien, sénateur. — 1873 — *Histoire des Gaulois*, etc. (19).

V

VINCENT (Alexandre-Joseph), mathématicien, membre de l'Institut, professeur au collége de Saint-Louis.

Dans la même tombe repose : BOURDON (Louis-Pierre), conseiller de l'Université. — 1854 — (25).

Paris-Cimetières   par Edward FALIP.

CIMETIÈRE DU SUD

MONTPARNASSE

3ᵐᵉ PARTIE.

ERRATA ET ADDITIONS

Page viij, *dernière ligne, après* PICHEGRU, lisez : et de *Sainte-Marguerite*, dans le faubourg Saint-Antoine, dont les fosses communes se fermèrent pendant la Terreur, sur les dépouilles mortelles de nombreux suppliciés.

Page 15, *à la biographie de* FLOURENS (Gustave), *tué pendant l'insurrection de 1871, près de Créteil*, lisez : Rueil.

Page 38, *après la biographie de* LEDRU-ROLLIN, ajoutez : LEFÉBURE-WÉLY (Louis-Alfred), organiste et compositeur. — 1869 — Buste et bas-reliefs (4).

Page 42, *après la biographie de* PLEYEL, ajoutez : PONCHARD (Jean-Frédéric-Auguste), chanteur de l'Opéra-Comique. — 1866 — (11).

Page 69, *au lieu de* ORNEMUSE, lisez : CORNEMUSE.

Page 89, *après la biographie de* MORAND, ajoutez : MORATIN (Martin-Leandro-Fernandez), poète dramatique espagnol. — 1827 — (25).

Page 98, *après la biographie de* SIÉYÈS, ajoutez : SILVELA de Aragon (Manuel-Garcia), célèbre jurisconsulte espagnol. — 1832 — (25).

Page 138, *lire :* POLIGNAC (Alphonse-Armand, vicomte de).

Page 155, *après la biographie de* Mme DE GIRARDIN, ajoutez : GIRARDIN (Alexandre-Numance, comte de). — 1851 — (4).

Page 157, *après la biographie de* Kamiensky, ajoutez : Korte, général, sénateur. — 1868 — (22).

Page 163, *après la biographie de* Thomine, ajoutez : Thouret (Esther) [A]. Statue en marbre de Cavelier (5).

Page 170, *après* Aupick, ajoutez : Avond (Joseph-Auguste), avocat, représentant du peuple en 1848. — 1866 — (2).

Avant de commencer l'impression de ce livre, nous avions résolu de le publier en trois fascicules, suivis chacun d'une table spéciale à chaque cimetière.

Nous nous sommes décidés aujourd'hui à réunir en un seul volume nos descriptions, et en même temps à faire une seule table pour les 1,703 notices dont il est composé.

Cette nouvelle disposition ajoute à l'ordre alphabétique adopté pour le classement des parties, l'avantage de rendre plus faciles, et surtout plus rapides, les recherches dans le texte et sur les plans; elle sera, nous n'en doutons pas, appréciée par nos lecteurs.

TABLE

DES PERSONNAGES CÉLÈBRES

INHUMÉS DANS LES TROIS PRINCIPAUX CIMETIÈRES DE PARIS

A

Abancourt 117	Adanson 61
Abbé (L.-E.) 61	Adelon 23
Abbé (L.-P.) 61	Advisard 24
Abélard 24	Aguado 61
Aboville (d') 61	Aguesseau (d') 117
Aboville 169	Aguesseau (d') 169
Abrantès (d') 149	Aignan 24
Achard (A.) 102	Alboni-Pepoli 11
Achard (Ad.) 149	Alcyato 141
Acloque 197	Aligny 169
Adam 149	Allain 149
	Allan-Kardec 62
	Alard 117

Allart, née Gay 24
Allegri............. 24
Allent............. 24
Allié.............. 169
Allois............. 117
Almeida-Souza..... 11
Alton 62
Alton-Shée........ 197
Amoros............ 170
Ampère (A.-M.).... 117
Ampère (A.-F.).... 117
Amussat 48
Ancelot (Jacques)... 197
Ancelot (Virginie)... 197
Anecssy........... 150
André (d')......... 48
Andréossy......... 118
Andrianoff (d')..... 102
Andrieux.......... 62
Angot (mad).... .. 24
Anicet-Bourgeois... 12
Anjubault 12
Ansart 170
Antigna........... 118
Antigny (Blanche d') 48
Antoniewicz....... 160
Arago (François).... 24
Arcet (d').......... 48
Artot............. 118
Asselineau........ 197
Aubert............ 24
Audiffret.......... 62
Audoin........... 25
Augustin.......... 62
Augustines (sœurs). 220

Aumont........... 62
Aupick........... 170
Auvity............ 150
Avenel............ 150
Avezac (d')........ 170
Avond............ 170
Aycard........... 150

B

Babinet........... 198
Baculard.......... 25
Bail.............. 48
Bailleux........... 184
Bailly............. 183
Balard............ 220
Ballanche......... 118
Balland 170
Ballard de Lancy... 198
Bally............. 118
Baltard........... 170
Balzac (de)........ 102
Barat............. 183
Barateau.......... 118
Barbantane (de)... 118
Barbié du Bocage... 25
Baroche........... 25
Baroche (E)....... 25
Barraguay......... 62
Barraguet......... 220
Barras............ 62
Barrault.......... 63
Barre............. 198
Barrillet 102
Barroilhet......... 118

Baron-Desfontaines.	63	Bellangé	120
Barrot (Odilon)	48	Bellanger	26
Barruel (A.)	183	Bellard	64
Barruel (J.-P.)	171	Belliard	64
Barruel (P.)	171	Bellini	26
Barthe	25	Belloc	103
Barthélemy-St-Hil..	25	Bellonet	198
Barye	102	Benazet	150
Bascle (Le)	63	Benazet	171
Bastard-d'Estang	170	Benech	49
Bataille	63	Bénédictines	171
Bataille	118	Béranger	64
Batiste	12	Bérard	150
Batton	118	Bérat	103
Baude	170	Berge	171
Baudelaire	171	Berger	12
Baudin (A.)	119	Berlioz	150
Baudin (Ch.)	119	Bernard (Claude)	64
Bay (de)	171	Bernard (Ch.)	12
Bayard	63	Bernard (S.)	120
Bazaine (P.)	119	Bernardin de Saint-	
Bazaine	150	Pierre	26
Bazin et Lenoir	12	Bernauda	198
Beaucé	103	Bernhart (Sarah)	64
Beauharnais	63	Bernier	64
Beaujour	103	Berthelémy	12
Beaumarchais	63	Berthémy	64
Beaumont	198	Bertin (A.)	171
Béclard (Ph.)	12	Bertin (F.-E.)	171
Béclard (P.)	25	Berton	120
Béclard (P)	63	Bertrand	195
Becquey	198	Bervic	26
Bédarrides	119	Besnard	198
Bedeau	26	Besson	171
Bellair	119	Besson-Bey	26

Bétoncourt	199	Blanchet	120
Beugnot	49	Blandin	27
Beulé	12	Blanqui	65
Béthisy	61	Blondel	199
Beurnonville (de)	61	Blouet	172
Beyle (Stendhal)	120	Bocage	199
Bibesco	65	Bœhm	198
Bichat	26	Bœrne	65
Bidé	120	Boïeldieu	27
Bielot	181	Boinod	172
Bielecki (L.)	140	Boislecomte	151
Bielecki (R.)	142	Boissel	49
Biernacki	139	Boissy-d'Anglas	65
Bignan	103	Boisseaux	195
Bigot de Préameneu	49	Bolewski	141
Billault	199	Bolot	196
Billecoq	120	Bonjour	151
Billy	183	Bonjour (Casimir)	172
Bineau	150	Bonnet	172
Binet	199	Bontemps	172
Binet de Marcognet	65	Boode	65
Binet	103	Borkowski	141
Bingham	220	Borrely	172
Biré	49	Bory de St-Vincent	103
Biot (G.-B.)	171	Bosio	65
Biot (C.-F.)	171	Bosio (J.-F.)	172
Bixio	199	Bosio (Ast.)	172
Bizet	12	Bosquillon	27
Bizot	199	Bossi	27
Blache	150	Botta	199
Blainville	103	Boucher-Desnoyers	172
Blanc	13	Bouchet	200
Blanc (Louis)	65	Bouchot	120
Blanchard	120	Boucicaut	173
Blanchard (Mad.)	27	Boufflers (de)	27

Boufflers (comtse de)	28	Bravais	173
Bougainville	151	Brayer	66
Bougenel	120	Bréguet	28
Bouillé	121	Brémont	200
Bouillon-Lagrange)	121	Bresson	173
Boulanger (Mme)	121	Bresson	121
Boulay de la M. (D.)	173	Brian (J.)	121
Boulay de la M.(A.-J.)	220	Brian (L)	121
Boulay de la M.(H. G.)	221	Brifaut	173
Boulay de la M. (F.-J)	221	Brillat-Savarin	66
Bourbon (de)	151	Brion	66
Bourbon-Conti (de)	49	Briot	151
Bourdon	121	Brisebarre	104
Bourdon	221	Brongniard (Al.)	28
Bourgeois (Anicet)	13	Brongniard (T.)	29
Bourgeois (E.-G.)	65	Bronikowski	139
Bourgoin	28	Bronlewski	139
Bourgon	66	Prousses	201
Bourke	66	Bruat	66
Bousquet (G)	121	Bruges	66
Boutault	200	Bruno	45
Bouteville	173	Bruslard	201
Boutin	104	Bruix	50
Bouvard	200	Bruzzesi	151
Bouzet	151	Brzezinski	141
Boy	104	Brzezanska	160
Boyer (E.)	200	Buache	66
Boyer (F -X.)	50	Buenarotti	151
Boyer (P.)	200	Buloz	104
Boyer, pr. de la Rép.	28	Bukiell	141
Boyer (Louis)	13	Bullier	173
Brancas de Laura-guais	28	Bullier	173
		Burnouf	29
Brascassat	151	Burow	50
Braux (Le)	121	Burthe	66

Bury............. 121

C

Cabet............. 201
Caccia............. 121
Cadet-Gassicourt... 66
Cadrès............. 184
Cadore (de)......... 174
Cagnard........... 183
Cahen............. 29
Cahieux............ 201
Cail............... 104
Calonne (de)....... 201
Cambacérès (Delph.) 104
Cambacérès (J.-J.).. 67
Cambacérès........ 174
Camus............. 104
Capellaro.......... 104
Capitaine.......... 48
Capitaine.......... 121
Capuron........... 174
Carafa............. 151
Carmélites du V. de G. 201
Carneville (de)..... 122
Caron............. 67
Cartellier.......... 104
Carvajal........... 67
Casariera (de)...... 67
Cassini............ 201
Castelbranco....... 67
Castex............. 29
Catel.............. 122
Caulaincourt (de)... 67
Caussidière........ 152
Cauvain........... 122
Cavaignac (J.-B.).... 122
Cavaignac (L.-E.)... 122
Cavaignac (G.)...... 122
Cavé.............. 122
Cavé et Lemaître... 152
Caveau de la Ville.. 174
Cavelier........... 29
Cavenne........... 174
Cayx............... 174
Cazot.............. 152
Ceballos........... 67
Cercou............ 67
Cessac............. 201
Chagot............ 67
Chaix.............. 152
Chaix-d'Est Ange... 123
Chalendar (de)..... 201
Champollion....... 67
Chappe............ 68
Chaptal............ 68
Chappuis........... 50
Charles............ 29
Charlet............ 202
Charrière (J.-M.)... 174
Charrière (Joseph).. 174
Chasseloup-Laubat (F.)............. 13
Chasseloup-Laubat (P.)............. 13
Chasseloup-Laubat (P....)........... 13
Chasseloup-Laubat (Marquis)........ 105
Chassin............ 196
Chastel............ 184

Chaudet	202	Coiny	202
Chaudey	123	Colbert	30
Chauveau-Lagarde	202	Colet	125
Chazal	174	Colin	175
Chechowski	161	Collard	221
Chenault	29	Collet	11
Chenavard	105	Colliat	175
Chénier (André-M.)	30	Colon (Jenny)	152
Chénier (Marie-Jos.)	30	Compans	69
Chérubini	30	Conseil	15
Chevallier	174	Constant (Benjamin)	69
Chevalier	152	Constant-Dufeux	202
Chevé	13	Contades (de)	30
Chilly (de)	68	Coquereau	105
Choiseul (de)	68	Coquerel (A.)	50
Cholet	123	Coquerel (A.-J.)	50
Chopin	50	Coray	175
Chrétien	184	Corbel	202
Choron	175	Corbin	175
Cinti-Damoreau	123	Cordier (L.-F.)	31
Cissey (de)	68	Cordier (P.-L.)	221
Clairon (Mlle)	68	Cordier (du Jura)	175
Clapisson	123	Coriolis	175
Clarac	152	Cormenin (de)	69
Clarke	50	Cornemuse	69
Clary	68	Cornet	203
Claudin	152	Corot	69
Clavel	124	Corsse-Labenette	69
Clément-Thomas	11	Cotes	105
Clorivière	183	Cottin (Mme)	69
Cloquet	202	Cottrau	126
Cochard	30	Couchery	50
Cochin	203	Couder	69
Coëtlogon (de)	123	Couderc	115
Cogniard (Th.)	125	Coulon	31

Courbon............ 176
Courlot............ 31
Courtin............ 183
Couscher........... 31
Cousin............. 31
Coutard............ 45
Crémer............. 105
Crémieux........... 126
Crocé-Spinelli..... 105
Croissant.......... 203
Croizette.......... 69
Croy (de).......... 126
Crozatier.......... 106
Crussol d'Uzès..... 70
Crux (de la)....... 126
Curmer............. 152
Cuvellier.......... 203
Cuvier............. 31

D

Dabbadie........... 70
Dabrowski.......... 139
Dacier............. 70
Dâcheux............ 45
Dalmatie (comtesse
  de).............. 70
Damas (A.)......... 70
Damas (de)......... 203
Damesme............ 70
Damiron............ 152
Dampmartin......... 50
Dantan (A.-J.)..... 14
Dantan jeune....... 14
Danyau............. 203

Dardenne de la Grangerie............. 176
Darcet............. 106
Dargaut............ 000
Darjou............. 70
Darricau........... 203
Daru............... 126
Dash (comtesse).... 153
Daunou............. 70
David.............. 203
David (d'Angers)... 70
David (J.-L.)...... 14
David-Deschamps... 126
Daviel............. 153
Davout............. 71
Dazincourt......... 126
Debain............. 153
Debret............. 153
Deburau............ 14
Decrès............. 71
Défenseurs de Châteaudun........... 000
Degron............. 45
Déjazet (Virginie).. 106
Delacroix (Eug.).... 106
Delahaye........... 176
Delalain (J.-A.)... 176
Delalain (Jules)... 176
Delamarche......... 176
Delambre........... 31
Delanneau.......... 71
Delannoy........... 176
Delaroche (Paul)... 153
Delaroche (Anne)... 153
Delavigne (Casimir). 106

Delespine	127	Destutt de Tracy	32
Deleuil	203	Devéria (A.)	177
Delille	31	Devéria (Eug.)	177
Delineau	184	Deyeux	177
Delofre	153	Dias-Santos	107
Delpech	107	Diaz (Emile)	127
Delvincourt	50	Diaz de la Peñ.	127
Demante	176	Didier	128
Demidoff (comtesse)	71	Didot	32
Denise	127	Diébolt	177
Denon	32	Diestch	153
Dentu	71	Digeon	128
Désaugiers	72	Dillon (Roger)	177
Desbans	45	Dillon (William)	221
Desbassayns	51	Dillon (Mme)	32
Desbœufs	127	Dode de la Brunerie	107
Desbrosses	127	Dombrowski	161
Desbureaux	72	Domon	51
Descamps	127	Dommanget	128
Deschamps	177	Dorian	107
Deschamps (N.)	127	Dornès	177
Desclée (Aimée)	107	Dorval (Mme)	178
Desclozeaux	203	Dorville	128
Descine	177	Dosne	72
Desenne	177	Doucet	128
De Sèze	107	Doyle	107
Desfontaines	203	Dragon (l'ombe du)	72
Deslandes	11	Drée	178
Desmichels	51	Drolling	178
Desnouy	153	Drouaüt	32
Desnoyers	72	Droz	178
Desolle	72	Duban	221
Dessole	204	Dubois	153
Despols	177	Dubruel	204
Desseilligny	51	Dubuffe	72

Ducange (Victor).... 154
Ducaurroy.......... 201
Duchesnois (Mad.).. 72
Ducis.............. 204
Dufraisse (Marc).... 178
Dufrénois.......... 178
Dufrénoy (Mad.).... 32
Dufrénoy (O.)....... 32
Dugazon (Mad.)..... 33
Duguesclin(Gesvres) 206
Dujarier........... 128
Duleau............. 204
Duloclo............ 73
Dulong (F.-C.)...... 73
Dulong (P.-L.)..... 33
Dumont d'Urville... 204
Dumont............. 51
Dumoulin 73
Duparc............. 128
Dupaty............. 73
Duponchel.......... 51
Duport............. 33
Dupré.............. 178
Duprez............. 154
Du Puy............. 73
Dupuytren.......... 73
Durand-Brager..... 51
Duranton........... 204
Duret.............. 73
Durosnel........... 73
Durouchoux......... 178
Dutré.............. 204
Duval (Maurice).... 222
Duval (Amaury).... 128
Duval-Pineu........ 205

Duvergier de Hauranne............ 33
Duvernois.......... 179
Duvert............. 107
Duvillard.......... 73
Duvivier........... 179
Dziekonski......... 139
Dziewolski......... 139

E

Elisa.............. 222
Enfantin (le Père)... 74
Ennery (v. Cormenin) 74
Erard.............. 33
Errazu............. 15
Espercieux......... 179
Espéronnier........ 205
Esterhazy.......... 51
Etienne............ 74
Eynard............. 205

F

Fabre (Auguste).... 108
Fabre (Victorin).... 108
Fabre (de l'Aude)... 74
Faget de Baure..... 33
Fallot de Beaumont. 179
Faucher............ 74
Faure.............. 179
Faverolles......... 108
Favrais............ 179
Féletz............. 179
Fénelon............ 205

Ferrand	45	Fourcroy	34
Ferus	179	Fourcy	180
Ferry	205	Fourier (F.-M.)	154
Fessard	45	Fourier (J.-B.)	74
Feuchère	128	Fourneyron	129
Feuchères (de)	108	Fournier	129
Feuillet de Conches	180	Foy (le général)	75
Feydeau	128	Frédérick-Lemaitre	129
Fialkowski	139	Frère (Franç.)	75
Fiquoy	45	Frère (général)	75
Flandrin	15	Fresnel	52
Fleury	51	Frochot	75
Flourens (P.)	15	Frondeville	180
Flourens (G.)	15	Furne	52
Follin	205		
Fontana	161	**G**	
Fontanes (de)	52		
Fonteyraud	129	Gaimard	180
Forcade de la Roquette	154	Gall	76
		Galle	180
Forestier	74	Gallier	181
Fornas	16	Galin	34
Forster	205	Gallocher	181
Fortoul	180	Gambey	52
Fouassier	180	Gandolfé	206
Foucault	154	Gannal	206
Foucault-Saint-Prix	205	Garat	34
Foucher (Paul)	180	Garaudé	154
Foucher (J.-D.)	205	Garcia	76
Fouet	183	Garcau	34
Fougère	129	Garidel	184
Fould (Achille)	15	Garneray	154
Fould (Mme)	31	Garnier	76
Foulon	154	Garnier-Pagès	76
Foulon	52	Garnier	206

Gau	129	Girardin (S.)	77
Gaudichaud	206	Giraud	130
Gaudin	76	Girodet	77
Gaujal	181	Giurewski	160
Gaussard	181	Gobert	77
Gautier (Alex.)	155	Godefroid	181
Gautier (Elie)	155	Godde	78
Gautier (Théophile)	129	Godoy	78
Gautier (E.)	76	Gohier	34
Gaveaux	34	Golembiowski	141
Gawarecki	140	Gombert	181
Gawronski	160	Goncourt (de)	130
Gay-Lussac	76	Gorecki	140
Gazan (de)	26	Gossec	34
Gémond	77	Gossuin	78
Genlis (Mme de)	77	Gourgaud	78
Geoffroy-St-Hilaire	77	Gouteaux	78
Gérando	77	Gouvion-Saint-Cyr	78
Gérard	77	Goyon	207
Gérard de Fernic	130	Gozlan (Léon)	131
Gérard de Nerval	108	Grados	207
Gérard (baron)	206	Grammont (de)	78
Géricault	34	Grammont - Cade-	
Germanieu (de)	206	rousse (de)	181
Gesvres (de)	206	Grasset	183
Giedroye	141	Gratry	207
Gilbert	155	Greffulhe	78
Gillette	206	Grégoire	181
Gillant	155	Grellety	183
Gimello	130	Grenfell	16
Ginguéné	35	Grétry	34
Girard	181	Greuze	131
Girard (N.)	130	Grienneval	222
Girardin (Alexandre)	130	Grisar	108
Girardin (Delphine)	155	Gros	79

Grothur	141	Heine	181
Grouchy	16	Hélène	232
Gudin	79	Héloïse	85
Gueau (de)	183	Hennequin	207
Guéhéneuc	153	Henri (frères)	45
Guérin	207	Henrion	182
Guenet	183	Herman	45
Gugenheim	35	Hérold	85
Guido	45	Hersent	52
Guigues	207	Hijar	79
Guillemot	207	Hittorff	155
Guilleminot	79	Hlunowicz	141
Gumery	155	Hoche (Mme)	52
Guyot	181	Hodgson	132
		Hoffmanowcy	79
		Horeau	16
		Houdetot	132

H

		Houdetot (d')	45
Habenech	35	Houdon	208
Hachette	79	Houssaye	156
Hainl	108	Hourier	208
Halanzier	108	Houstou	79
Halévy	131	Hubert	182
Hallez-Claparède	35	Hue	80
Hallonville (d')	16	Huet (Paul)	182
Hamelin	79	Huet (F.-J.)	182
Hase	155	Hugo (comte)	80
Haubersart	131	Hugo (Sophie)	80
Haudebourt	131	Hugo (Eugène)	80
Haussmann	16	Hugo (Georges)	80
Hautoy	16	Hugo (Charles)	80
Hautpoul (d')	131	Hugo (F.-V.)	80
Haxo	79	Huguier	182
Hebda	161	Hulin	208
Hecquevilly	35	Hurault de Sorbée	132
Heim	207		

Hureau............ 208
Hurel............. 156
Huret............. 45
Hurtault.......... 35

I

Imbert............ 182
Ingres............ 81
Isabey............ 81
Isambert.......... 156
Itard............. 182
Iwanowski......... 141

J

Jacotin........... 81
Jacotot........... 108
Jacques........... 81
Jacquot........... 208
Jadin............. 156
Jakubowski........ 140
Jalikowski........ 142
Jallois........... 156
Janowicz.......... 142
Janowski.......... 161
Jars.............. 156
Jaubert........... 81
Javal............. 36
Jaworski.......... 140
Jenny............. 109
Jésuites (tombe des) 182
Jésuites (tombe des) 183
Jenesseaux........ 183
Jeramanowski...... 156

Joguet............ 184
Johannot (Tony)... 132
Johannot (Alfred). 132
Joigny............ 156
Joliveaux......... 16
Jollivet.......... 132
Jolowicki......... 161
Jomard............ 109
Jordan (Camille).. 81
Jordan (Wilhelmine) 81
Jordan (Sigismond) 160
Jubinal (Achille). 132
Jullien........... 132
Junot............. 81
Junot............. 208
Jurien de la Gravière 132
Jussieu (de)...... 208

K

Kamiensky......... 157
Karwowski......... 160
Katski............ 139
Kellerman (F.-C.). 81
Kellerman (F.-E.). 82
Kessler........... 161
Kisielewski....... 141
Klemczynski....... 141
Kniff............. 109
Kœnig............. 208
Kœnigsvarter...... 133
Konraad........... 35
Kordecki.......... 140
Korotnowski....... 160
Korte............. 157

Korylski	140	Laignelot	185
Koslowski	139	Lakanal	36
Kosminski	140	Lalande	109
Koszkiewicz	140	Lallemant	37
Kotarbinski	139	Lamarre	183
Koutski	161	Lambert	37
Koutska	161	Lambertye	37
Kralewski	139	Lambretchs	82
Kreutzer	36	Lameillerie	37
		Lameth	82

L

		Lamoignon	185
Labédoyère	53	Lamy	209
Labélonye	133	Langlé	37
Laborde	45	Langlès	37
Laborie	184	Langlois	185
Laborio	82	Lanjuinais	83
Lacave-Laplagne	82	Lankoronski	140
Lachambeaudie	109	Lannes (maréchal)	157
Lachaud	17	Lannes (général)	157
Lacressonnière	36	Laplace	83
Lacretelle	109	La Place	222
Lacroix	184	Lapérouse	83
Lacour	209	Lapommeraye	222
Laferrière	209	Larmoyer	133
Laferrière	157	Laroche-Aymond	207
Laffitte	82	Larochefoucault	
Lafont	36	(J.-A.)	53
Lafont	133	Larochefoucault	
La Fontaine	82	J.-A	53
Laforest	184	Laromiguière	83
Lagowski	140	Larousse	185
Lagrange	133	Larrey	83
Lagrené	209	Lasne	83
Lagrenée (J.-J.)	82	Lassus	109
Laharpe	36	Lasteyrie (de)	223

Latier de Bayanne..	84	Lefebvre-Gineau....	84
Latour.............	53	Lefournier.........	109
Latreille...........	84	Legouvé............	133
La Tremoille.......	84	Lehodey............	17
Laugier............	209	Lejeune............	134
Launer.............	133	Lelewel............	141
Laurecisque........	133	Lelong.............	84
Laurent............	185	Lemaître (Frédérick)	134
Laurentie..........	223	Lemercier (Népocu-	
Lauriston	53	mène)............	85
Lavalette...........	53	Lenoir..............	209
Lavœstine..........	133	Lenoir (Alexandre).	185
Lavoisier...........	37	Lenormand (Mlle)...	38
Laya (Léon)........	54	Lenormant..........	134
Laya (J)...........	157	Léon-Duval........	85
Le Bas (J.-B.)......	17	Lepaute............	38
Le Bas (Hipp)......	223	Le Peletier d'Aunay.	209
Lebègue............	185	Lepère.............	157
Leblanc............	38	Lepère.............	186
Le Borgne..........	84	Lepic..............	209
Lebrun (duc).......	54	Lepoitevin..........	134
Lebrun (L.-S.).....	37	Le Poitevin.........	209
Lecadre............	185	Le Ray.............	134
Le Clerc............	185	Lerebours..........	186
Lecoupé............	157	Leroux (A.)........	184
Lecomte............	17	Leroux (J.-M.)......	209
Leczynska..........	84	Leroux (Pierre).....	210
Ledagre............	157	Leroy..............	17
Ledochowski.......	160	Leroy et Maillaud..	85
Ledru-Rollin........	38	Lesbros............	223
Lefébure-Wely.....	33	Lesseps (de)........	54
Lefebvre (maréchal).	84	Lesueur............	33
Lefebvre............	45	Lesurques..........	38
Lefebvre (F.-G)....	84	Letellier...........	110
Lefebvre (général)..	84	Le Tellier de Valazé.	158

Letourneur	85	Magné	45
Levasseur	158	Maillard (Louis)	86
Levasseur	210	Maillart	158
Le Verrier	210	Maison	54
Levraud	210	Maisonfort (de)	158
Lévy-Alvarès	131	Malet (G.)	86
Lévy (v. Michel)	40	Malet	86
Lévy (Dr) (v. Michel)	40	Mallefille	187
Lhérie	39	Malleville	210
Lheureux	186	Mangin	210
Libon	131	Manin (v. Scheffer)	163
Lion	186	Manry	158
Liouville	17	Manuel	86
Lipowski	160	Marc	135
Lisfranc	186	Marchal de Calvi	17
Livry (Emma)	131	Marchand	39
Lobau	85	Marchangy	39
Lomet	38	Marcille	187
Lopacinski	140	Maresq	210
Loriquet	183	Mario	187
Louis	186	Marinoni	187
Loustal	186	Marjolin	39
Louvet	210	Marmorito	110
Loverdo (de)	223	Marrast	135
Loyson	85	Marron	86
Lurine	135	Mars (Mlle)	39
Luther	85	Mars (Georgina)	39
Lyautey	186	Marsjewski	140
		Marthonie	135
M		Martignac	86
		Martin (Léon)	187
Macarel	186	Martin (du Nord)	86
Macdonald	85	Martin (J.-B.)	39
Mac-Mahon	135	Martin-Mayron	187
Mac-Mahon	186	Martinet	18

Masse	135	Micheau	158
Masséna	86	Michel (Lévy)	40
Massimino	135	Michel (Lévy)	40
Masson	54	Michelet	110
Mathieu	187	Michot	187
Mauduit	39	Mierzejowski	136
Maugin	210	Mierzejowski	140
Maurel	18	Milanollo	40
Maurice	210	Milcent	87
Maurice (Louis-Jos.)	87	Millaud	136
Mauvais	211	Millet	158
Marx	18	Mionnet	87
Mazeau	136	Mirza	110
Mazet	87	Mocquard	136
Mazois	211	Moges	136
Méhul	40	Moirez	184
Mélesville	87	Molé-Gentilhomme	187
Mélingue	110	Molière	88
Ménardeau	211	Moncalm	57
Menjaud	211	Moncel	195
Monneval (de)	136	Monge	211
Montelle	40	Monge	88
Mercier	40	Monot	57
Mercier (J.-M.)	110	Monnais	88
Mercœur (Elisa)	54	Monpou	18
Mérimée	57	Monserrat	88
Merle	178	Monrose	158
Merlin de Thionville	87	Montagne	211
Mermet	57	Montalembert (de)	188
Méry	136	Monthel	88
Messier	40	Montellano (de)	88
Metzger	110	Montès	159
Meurice (Paul)	87	Montezon	184
Meynier	187	Montferrier	211
Michallon	211	Montferrier	188

Montfort.... 188
Montigny............ 188
Montlezun.......... 211
Montmorency (de)... 89
Montmorency (de) et
   La Chastre....... 212
Montmorency-Luxem-
   bourg............ 212
**Montmorency (le
   comte de)**........ 212
Montmorency-Luxem-
   bourg............ 136
Montravel.......... 188
Morand............. 89
Moraux (v. Adam).. 149
Moratin............ 89
Morazewicz........ 161
Moreau de Jonès.... 188
Moreau (Hégésippe). 188
Moreau (F.-C.).... 212
Morin.............. 212
Morin.............. 183
Morellet............ 89
Morny (de)......... 110
Mortier............ 89
Moulin............. 223
Mounier............ 57
Mouton............. 40
Mouton (l'abbé).... 89
Mouton (v. Lobau).. 89
Mozin.............. 159
Mulard............. 45
Murger (Henri)..... 159
Murray............. 40
Musset (Alfred de).. 18

Muzarelli........... 183
Mylius............. 223

N

Nabielack.......... 112
Nadar.............. 89
Nansouty.......... 89
Narassaki......... 189
Narbonne-Lara..... 90
Narischkine....... 188
Nascimento........ 89
Naudet............ 137
Navailles (de)..... 40
Nefftzer........... 137
Neigro............ 18
Nélaton........... 57
Neltner........... 18
Neufchâteau...... 41
Neutz............. 45
Ney............... 90
Nicolo............ 41
Niedermeyer...... 159
Niemcewicz....... 160
Niepce de St-Victor. 189
Niol.............. 19
Niquet............ 137
Noé (de).......... 212
Nodier............ 111
Normand.......... 212
Noüe (de)......... 212
Nourrit........... 159

O

Odiot............. 159

Odiot	41	Parmentier	91
Odry	137	Parmentier	91
Ohnet	159	Parny	41
Olaj	160	Parrizot	213
Olivera	90	Parseval de Grand-	
Olivier	189	maison	41
Ortolan	189	Pascalis	189
Orfila	212	Pasquier (A.)	213
Ostrowski	140	Pasquier (I.)	213
Ottavi	189	Patin	190
Oude (la reine d')	111	Paton	184
Oudot	213	Paunier	45
Ozanorchi	183	Payer	213
		Pelissier	213
P		Pelletan (Fanny)	137
		Pelletier	137
Paccard	90	Pelletier (J)	213
Pacthod	90	Pelouze	137
Paër	41	Pennautier	138
Paillet	90	Pepoli (P.-L.)	19
Paillette	90	Perceval	190
Paillette	45	Percy	91
Pajol	90	Perdonnet	41
Palisot	91	Père-Éternel (tombe	
Palmier	137	du)	42
Panckoucke	58	Perelli	19
Panseron	41	Pereire (Jacob-Rod.)	138
Pansey	213	Pereire (Emile)	138
Paprocki	141	Périer (Casimir)	42
Paprzycki	160	Pérignon	92
Parent du Châtelet	58	Perlet	190
Paris (J.-B.)	91	Pernety	214
Paris (Aimé)	19	Perraud	214
Pariset	91	Perrée	91
Parisot	213	Perregaux	92

Perreyve	190	Pogonowski	140
Perrodon	138	Poinsot	19
Perrot	92	Poirson	92
Perry	92	Poisle-Desgranges	191
Persiani (Julia)	138	Poisson	93
Persil	92	Poisson (Dr)	58
Petit	138	Polignac (de)	138
Petit	190	Polonais (tombe des)	138
Petit-Radel	214	Polonais (id)	139
Petit,-sœurs de l'Ass.	214	Polonais (id,)	141
Petitot	190	Polonais (id.)	160
Peyssard	214	Pommier	224
Peytier	190	Poncet	142
Philippon	92	Poncelet	224
Philippon de la Madelaine	42	Ponchard	42
		Pons (de)	142
Philippot	184	Ponson du Terrail	142
Picard	92	Pontécoulant (de)	111
Pienkowski	160	Pontevès	42
Pietrowski	140	Pontlévoy	184
Pigeau	92	Popiel	160
Pignatelli	19	Porlier-Pagnon	191
Pihet	58	Portes (de)	58
Pils	111	Poultier	111
Pinel	190	Pouqueville	191
Pinel	92	Potocki	139
Pizain	190	Pozzo di Borgo	19
Planard	138	Pradier	93
Planche	159	Pradt (de)	93
Plessis (Alphonsine)	138	Praslin (duc de)	214
Pleyel	42	Préval	214
Plon	191	Prévost (L.-C.)	41
Plougoulm	191	Prévost (P.)	41
Plouvier	92	Priola (Mlle)	142
Podhorski	161	Proudhon	191

Provost............ 19
Prudent............ 161
Prud'hon........... 93
Puibusque (de)..... 58

Q

Quatremère de Quincy 191
Queignard.......... 142
Quérangal.......... 161
Quérard............ 224
Quinet............. 214

R

Rabaut-Pommier..... 93
Rabou.............. 191
Rachel (Félix)..... 43
Raffet............. 214
Ramey (C.)......... 192
Ramey (C.)......... 192
Ramond............. 142
Ramotowski......... 161
Randon............. 93
Rapatel............ 142
Raspail............ 94
Rataiski........... 140
Raucourt (Mlle).... 94
Ravichio........... 214
Ravignan (de)...... 183
Ravrio............. 43
Rayneval........... 111
Rebeval............ 94
Récamier........... 192
Récamier (Mme)..... 143

Regnault (Henri)... 215
Regnault........... 195
Regeault-St-Jean-
   d'Angely........ 43
Reicha............. 44
Reille............. 8
Reinhard........... 143
Rémon.............. 143
Renault............ 19
Renault............ 183
Renzi.............. 215
Rethore............ 184
Revellière-Lépeaux. 94
Riaro.............. 112
Ribes.............. 215
Ribes.............. 94
Ricard............. 162
Ricci.............. 112
Ricord (Alexandre). 215
Ricord (Philippe).. 215
Rigny (de)......... 162
Ripa (de).......... 162
Riquet............. 94
Ritt............... 143
Rivero............. 162
Robbrechts......... 143
Robertson.......... 44
Robillard.......... 143
Roblès............. 44
Rochechouart (de).. 192
Rocheford (de)..... 162
Roche-Aymond (de
   la).............
Rochette (Raoul)... 215
Roehn.............. 215

TABLE

Rodrigues	95
Rœderer	19
Roelofson	112
Roger de Beauvoir	58
Rogniat	95
Roguet	95
Rohault-de-Fleury	112
Rolin	143
Roll	143
Rolland	95
Romagnosi	162
Roman	112
Romanet	215
Romanowski	161
Roqueplan (J.)	143
Roqueplan (L.)	143
Rosalie (sœur)	192
Rosily	162
Rosily-Merros	95
Rossi	215
Rossini	20
Rostchild	44
Rousseau	95
Roussel	112
Rousselin	59
Rousset	162
Roussin	95
Rouvière	144
Rovigo (de)	95
Roy	95
Royer-Collard	44
Royard-Collard	144
Rude	216
Ruffo	59
Rullière	162
Ruhmkorff	162
Ruty	90

S

Sabatier	44
Sagey	192
Sagnier	224
Saint-Clair	20
Saint-Denis	224
Saint-Éloi	144
Saint-Germain	193
Saint-Just	96
Saint-Lambert	44
Saint-Prix	193
Saint-Simon	96
Sainte-Beuve	224
Ste-Claire-Deville	96
Sainte-Croix	224
Saisset (de)	144
Saisset	216
Salignac (voyez Fénelon)	205
Sallandrouze	96
Salm-Dick	96
Salvandy	96
Samson	163
Sandeau	216
Sané	144
Sanson	97
Sanson	144
Santerre	216
Sapey	193
Sarazin de Belmont	193
Saussaye	193

Sauveteurs (monument des)....... 45
Savalle............ 112
Sarrazin........... 112
Sarrette........... 114
Say (J. B.)......... 97
Say (A. S.)......... 97
Saxe-Cobourg...... 145
Scheffer........... 163
Schœlcher......... 145
Schickler.......... 59
Schœlcher......... 97
Schloss............ 45
Schneider.......... 45
Schunck........... 193
Scribe (Eugène).... 97
Sédillot........... 216
Ségalas............ 113
Segonzac.......... 145
Ségur (comtesse de) 145
Ségur (Ph. de)..... 145
Ségur d'Aguesseau. 216
Senneville......... 193
Sépulture artistique. 216
Sergents de la Rochelle (les)....... 217
Sorre.............. 112
Serré.............. 59
Serres............. 97
Servais............ 112
Serrurier.......... 97
Serrurier (J.-M.).... 193
Seurre (B.)........ 193
Seurre (C.)........ 193
Sévelinges......... 145

Sevesto............ 146
Sicard............. 97
Sielecki........... 139
Sierawski.......... 139
Sieyès (E. J.)...... 98
Sieyès (J. B.)...... 45
Signorino.......... 20
Silvela............ 98
Silvestre.......... 193
Simon (Ed.)....... 98
Simon (P. J.)...... 20
Simon............. 163
Simonin (C. L.).... 98
Simonin........... 112
Singer............. 45
Sion............... 45
Sivel.............. 112
Slovacki........... 163
Smolikowski...... 141
Slubicki........... 161
Sochet............. 146
Soliva............. 45
Soltikoff........... 163
Soulès............. 98
Soulié (Frédéric)... 113
Soumet............ 146
Souvestre......... 113
Sparre............. 146
Spiégel............ 193
Stazynski.......... 140
Stempowski (L.)... 139
Stempowski (maréchal............. 139
Stolz.............. 146
Storcks............ 146

Stranzierl	113	Tiénon	218
Sturm	217	Thierry	194
Stypulkowski	140	Thierry (J.-B.)	146
Suard	46	Thierry (Aug.)	163
Suchet	98	Thierry (Am.)	225
Suchodolski	139	Thiery (Jacq.)	225
Suchorlewski	194	Thiers	99
Susane	194	Thomino	163
Swiski	139	Thouin	46
Sydney-Smith	98	Thouret	163
Szaniecki	140	Tochon	99
Sznaydé	139	Tollard	99
Szulczewski	161	Thomaszewicz	160
Szwarce	140	Toussaint	164
		Tousez (Alcide)	147

T

		Travot	164
		Tribalet	194
Talleyrand-Périgord	60	Triquetti	99
Talma	46	Trousel (Léon)	113
Taponier	194	Troyon	147
Tarbé des Sablons	98	Truguet	99
Tardieu	194	Tuffiakin	164
Tardieu (P)	46	Turgy	100
Target	46	Turpin	100
Tascher de la Pagerie	98	Tyszkiewicz	113
Tastu	194		
Taunay	218	**U**	
Tencé (de)	113		
Teste (v. Buonarroti)	151	Ulmann	195
Thayer	98	Urquijo	100
Théaulon	146	Uzès (d')	100
Thévenot	146		
Thibault	98	**V**	
Thiboust	146		
Thouin	46	Vaillant	100

Valadon	218	Viel	147
Valence	100	Vien	101
Valdené (de) (v. Queignard)	142	Vien (comtesse)	101
		Viennet	113
Vallesteros	100	Vigla	196
Valombreuse	218	Vigny (Alfred de)	147
Vallon de Villeneuve	60	Villeneuve	101
Vandaël	46	Villoutreys (comte)	21
Vanden-Berghe	164	Vincent	147
Vanneau	218	Vincent	225
Vanspaensdonck	46	Vincent	46
Varin et Lenoir	20	Vinchon	101
Varin	20	Vintimille	219
Varin	183	Virey	196
Varner	164	Visconti (L.-T.)	21
Vassal	100	Visconti (E.-Q.)	21
Vaudoyer (A.)	195	Vitet	147
Vaudoyer (E.)	195	Vivier (du)	148
Vautré	195	Voligny	219
Velpeau	195	Volney	101
Vermeil	46	Vilhaume	196
Vernet (Carle)	147	Vuillaume	148
Vernet (Horace)	164		
Vernet (O.-E.)	20	**W**	
Ver-Huel	101		
Véron	20	Wagner	148
Véry	147	Walewski	21
Vestris	161	Wals	165
Veuillot	195	Ward	148
Vibert	195	Warkowicz	165
Victimes de 1848	60	Wasilewski	139
Victimes de 1848	195	Wesolowski	142
Vichery	164	Wilhem	47
Victor	60	Willemin	219
Vidie	147	Winsor	101

Wion-Pigalle	21	Zaliwski	139
Wirion	101	Zanglacomi	196
Wolowski	101	Zawadaski	140
Wroniecki	142	Zawirski	141

Z

Zabrzewski	148	Zeunor	165
		Zugarzewski	160
		Zwierkowski	142

FIN

DEUIL
A LA RELIGIEUSE
2, r. Tronchet et 32
pl. de la Madeleine
(Env. franco), Etoffes et
châl. ass, p.r les pl. g. ands
ceuils, Art. de goût en cha-
peaux, Lingeries, coiffures
coiff., robes, costumes.
MAISON
Essent. de Constance.

14, RUE DE LA ROQUETTE
en face la porte
du Père-Lachaise

LARDOT
ENTREPRENEUR
DE
MONUMENTS FUNÈBRES

Entreprise générale de Sépultures
MAISON FONDÉE EN 1828

GARREAU
155, rue de la Roquette
et 32, rue de la Folie-Regnault

233, RUE SAINT-MARTIN, 233

Duclos-Martellière

COURONNES ET MÉDAILLONS
EN TOUS GENRES

COMPAGNIE GÉNÉRALE DE SÉPULTURES
Fondée en 1828

MAISON GAUVAIN

BLANCHON Fils
SUCCESSEUR

198, rue de la Roquette, 198
PRÈS LE PÈRE LACHAISE

COMMISSION   **PARIS**   **EXPORTATION**

CONSTRUCTION	MARBRERIE
DE MONUMENTS	SCULPTURE
FUNÈBRES	GRAVURE

ENTRETIEN DE SÉPULTURES
CAVEAUX PROVISOIRES

Cie Gle des SÉPULTUR

Ane Mon L. VAFFLARD

FONDÉE EN 1828

POMPES FUNÈBRES

22, rue Saint-Marc, 22

RÈGLEMENT DES CONVOIS
SERVICES ET ENTERREMENTS POUR TOUS LES CULTES
DÉCLARATIONS DE DÉCÈS AUX MAIRIES
BILLETS D'INVITATION ET DE PART
EMBAUMEMENT
TRANSPORTS EN FRANCE ET A L'ÉTRANGER
Achat de Terrains et Constructions de Sépultures,
Caveaux provisoires dans tous les cimetières.

Écrire ou Télégraphier

AU SABLIER

GRANDE MAISON
DE
DEUIL

2, boul. Montmartre et 1, Faub. Montmartre

PARIS

ROBES, COSTUMES & CONFECTIONS
MODES LINGERIE EXCLUSIVES
DEUIL COMPLET, TOUT FAIT
SUR MESURE EN 10 HEURES

Nota. — Sur demande, la **MAISON DU SABLIER** se charge de faire prendre les commandes à domicile.

Pour la province, envoyer un corsage comme modèle et la longueur de la jupe. — *Envoi franco.*

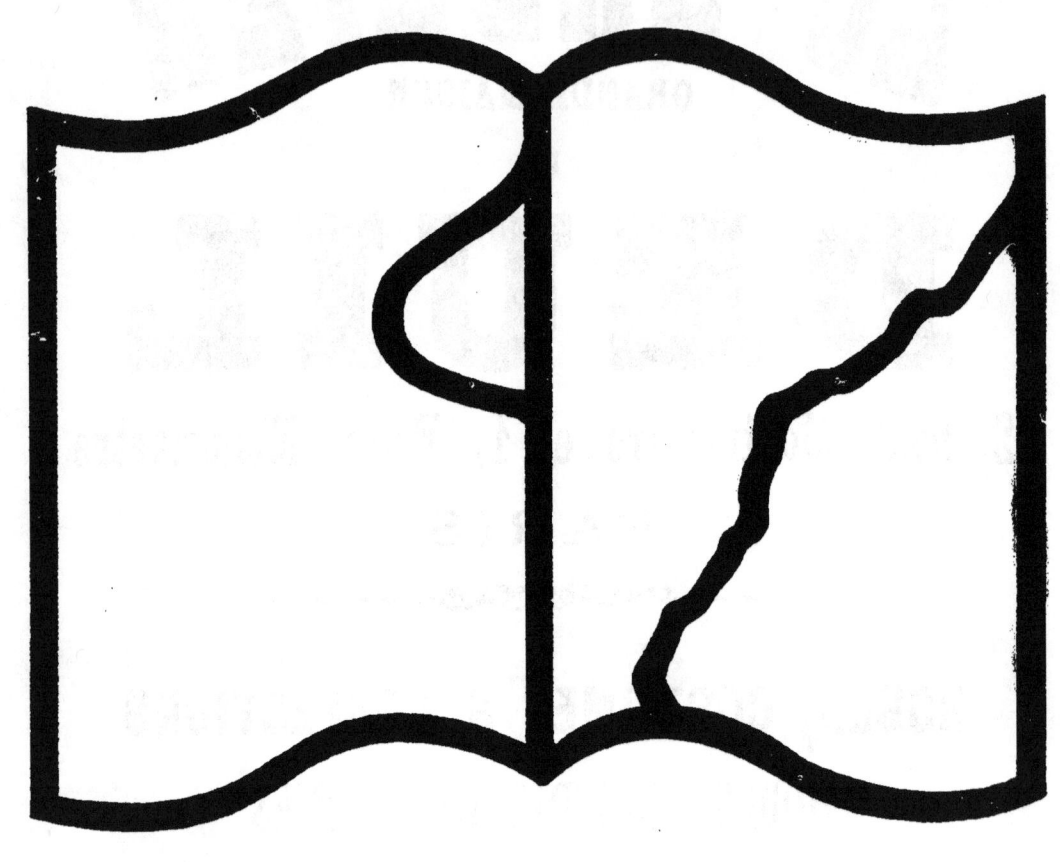

Texte détérioré — reliure défectueuse

NF Z 43-120-11

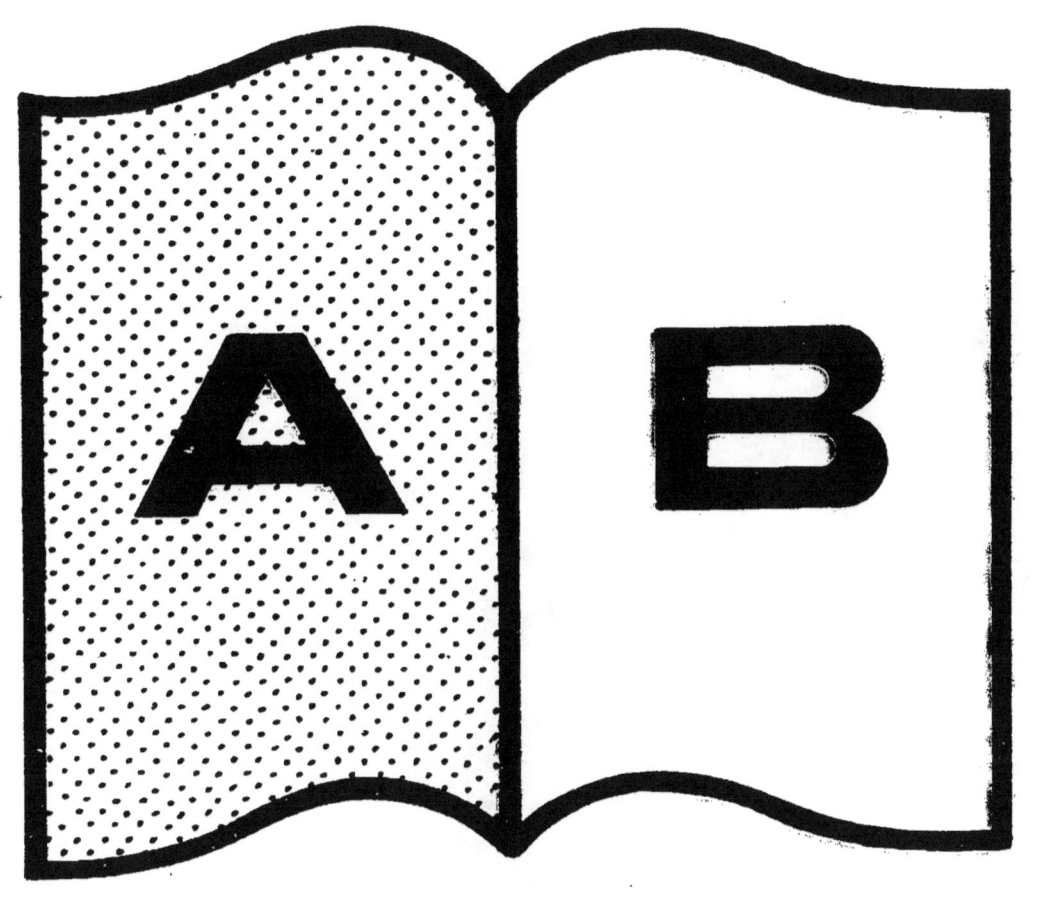

Contraste insuffisant

NF Z 43-120-14

www.ingramcontent.com/pod-product-compliance
Lightning Source LLC
Chambersburg PA
CBHW071600170426
43196CB00033B/1266